U0621651

本书为纽约时报2010年畅销书

只顾赚钱就是在

MAKING MONEY IS

扼杀

KILLING YOUR BUSINESS

你的企业

Chuck Blackman

［美］查克·布莱克曼 著

王艳 译

利用企业成就你的理想生活

◎ 打造一个在你度假时也在赚钱的企业。

◎ 弄清企业从不成长的原因，以及你的企业能怎样成长。

◎ 将企业从生存发展到成功直到有意义。

中国社会科学出版社

图书在版编目（CIP）数据

只顾赚钱就是在扼杀你的企业／（美）布莱克曼著，
王艳译 . —北京：中国社会科学出版社，2011.10
ISBN 978 - 7 - 5161 - 0184 - 1

Ⅰ . ①只… Ⅱ . ①布…②王… Ⅲ . ①企业管理 - 研究
Ⅳ . ①F270

中国版本图书馆 CIP 数据核字（2011）第 203652 号

图字：01 - 2011 - 2162 号

出版策划　任　明
特约编辑　乔继堂
责任校对　王俊超
技术编辑　李　建

出版发行　中国社会科学出版社
社　　址　北京鼓楼西大街甲 158 号　　　邮　编　100720
电　　话　010 - 84029450（邮购）
网　　址　http://www.csspw.cn
经　　销　新华书店
印　　刷　北京奥隆印刷厂　　　　　　装　订　广增装订厂
版　　次　2011 年 10 月第 1 版　　　　印　次　2011 年 10 月第 1 次印刷
开　　本　710×1000　1/16
印　　张　14.25　　　　　　　　　　插　页　2
字　　数　217 千字
定　　价　35.00 元

凡购买中国社会科学出版社图书，如有质量问题请与本社发行部联系调换
版权所有　侵权必究

致　谢

在感恩节的清晨写这致谢函，是再适合不过的了。

正如我在前言中所说的，我所知道的一切都是从其他人身上学到后总结出来的。我们常常互相学习，我们所能做到最好的就是——向我们周围世界学习，向我们的家人、朋友、商业伙伴和其他领导人学习，再进行全新的总结。《只顾赚钱就是在扼杀你的企业》就是这样编写而成的。我的生活是由所有影响我的人造就的，这本创业书的实用性也是所有这些影响的结果。

我之所以推迟到书出版前才写这致谢函，是因为我知道，要在此之前感谢所有帮助过我成长以及为本书作出贡献的人。那是不可能的。我对那些没有提及名字的人深表歉意！我深深地感谢为本书及为我的生活提供帮助的所有人！你知道我要感谢的是你！

我感谢父母亲营造了一个美妙的家，它有常见的缺点，也有一些出色的优点。家成了我学习的起点。而最重要的是我的妻子黛安娜，她是我不断提升的最大力量来源，也是我的指导者。多年来，她付出大量心血来支持我。她在我们的共同生活中从来都是默默地奉献，从不宣扬自己，因此我非常乐意在这里提到她。谢谢你，黛安娜！

我那些非常优秀的孩子们——格兰特、劳拉和布里，他们都为我的生活及本书的写作作出了直接的贡献。他们极大地鼓舞了我，无论何时谈及他们，我这个爸爸都充满了自豪感。格兰特为那精美的封面设计、版面设计、品牌和网站建设提供资料；劳拉则常常是清晰的文案和出色的营销文件的定夺者；布里常常用她的创意为我需要的插图注入活力。

我还要对爱尔兰贝尔法斯特的约翰·希南表示深深的谢意，他是我同父异母的兄弟。他经常给我指导性的意见，比如他说："查克，上帝不会制造垃圾，他也不会让你失败的。"约翰和他来自爱尔兰科克的朋友莫特·墨菲最先向我介绍他们的企业发展"九个阶段"概念，这成了促使我着手企业发展的"七个阶段"研究的直接原因。当我因事业受阻而挣扎时，他们俩多次自费从爱尔兰来到丹佛帮助我。他们是生活富足者的光辉榜样。

几年前，约翰和我在弗吉尼亚州碰面，他向我介绍了一个散布在美国东海岸和爱尔兰的学校联盟企业顾问团，该顾问团是由阿特和丽莎·拉德克以"灵气顾问团"命名组织的。近一年半的时间里，我每季定期与他们一起分享我的赚钱理念。

在此特别要感谢阿特和丽莎、莫尔特、约翰、比尔·戴维斯（一个智者）、吉姆·罗马（一个清醒的思想家）和阿内尔·坦亚吉（一个改变代表和转型战士）为顾问团的早期付出。也特别要感谢埃迪·德雷斯彻，他与约翰·希南一直是团队的宣传者和精神动力，他也是倾心帮助别人实现企业转变的典范。

还有，一些特别亲密的老朋友为我写这本书提供了直接和间接的指导。比如，我亲爱的朋友加里·布拉德利一直相信我，即使是在许多人认为我迷失了方向的时候他也相信我；唐纳德·麦吉尔克里斯特清晰的思路和忠诚的情谊使他成了我和其他许多人几十年来的坚强基石；奇普·托特大胆地告诉人们他爱他们，并用实际行动证明了他的爱；基恩·杜拜是一个出色的记者和作家，他让我在高尔夫球场、喝啤酒或吃饭时都非常自在，尤其是在写作方面让我发挥自如。谢谢你们为我及其他人所做的一切！

在丹佛，道恩·马戈斯基自始至终与我一同经历这次疯狂之旅，她的积极精神和鼓励总是让我耳目一新——谢谢你！梅根·麦克唐纳一直全身心投入我们所做的事情，他也是不断影响他人生活和企业的真正精神力量来源。嘉莉·罗伯茨改变了她自己、她的企业和其他企业，她是黛安娜和我忠诚的好朋友。布赖恩·兰兹是全身心向目标奋进的典范，在"1010项目"中也显示出了优秀的领导力（例如 www. www. the1010project. org/）。

许多企业顾问对本书产生了很大影响。在丹佛有道恩·马戈斯基、约翰·诺兰德、苏珊·基尔达尔、特德·梅西诺、达林·雷、简·谢弗，还有其他许多有商业合作的人，他们都对本书的编写提供了宝贵意见。国内和国际上还有许多友人也对本书产生了很大影响，特别是埃迪·德雷斯彻、阿内尔·坦亚吉、约翰·希南、莫特·墨菲、奇普·托特、丽莎·拉德克、阿特·拉德克和朱迪恩·布赖特斯。

迦勒·西利是个出色的文案写手，他将我的第一手稿编辑成大家能实际阅读的东西。因此很多人定期对本书的进展提供了反馈信息，我不一一提及你们，再次表示歉意。还有一些朋友在这一过程中花费了很多时间，比如唐纳德·麦吉尔克里斯特、梅根·麦克唐纳、梅勒妮·马修斯、比尔·科兰杰洛、基恩·杜拜、道根·鲁特、我的兄弟吉姆·布莱克曼，姐姐弗吉尼亚·楞次和她的丈夫马克·楞次、德鲁·肖克利、奇普·托特及其他很多人。谢谢你们愿意在我偏离方向时为我指正！

在此要特别感谢格伦和玛丽·霍布拉奇克，他们慷慨为我提供他们在西南部家中的一个非常特殊的环境，以使本书的 60% 能在那里完稿。

我相信我们生来都是要做一些有重要意义的事情。我可以肯定地说，所有对本书作出贡献的人，无论在此是否提及你们的名字，你们生活的世界一定是富足的，而不是贫瘠的，并且你们正过着有意义的生活而与众不同。感谢你们如此有心地为我及你们周围的人树立榜样。愿你们的核心目标都能实现！

3

前 言

很多人对我说，这本书中的一些理论是他们从来没有听说过的。在"人生目标"专栏中，我常得到这样的反馈信息：从来没有人让我这样思考。

请允许我在此表明：我的一生中从未有过独创的思想，我敢肯定其他人也没有。我曾经听一位艺术家说："最好的艺术家其实只不过是最好的抄袭者而已。"这个世界上没有任何从未被触及的事物。所以，当我听到有人宣称他们已经找到了某种别人从未想到过的全新处事方法，通常最终发现那只不过是一种宣传手段而已。

我从来没有为写这本书而去刻意地挖掘商业或生活上的任何新鲜想法。最好的想法任何人都能想到，那就是重新发现那些现有的但却经常被忽略的好想法，并用一种更贴近当下的新表达方式来重新整理那些我们熟悉的想法。我希望这种表达方式对你来说是新鲜的，并且可以让那些被遗忘很久的想法重新充满生机。对于你已经非常熟悉的那些想法，我相信这种新表达方式将会给你带来一种实用且明确的方法，从而改变你的企业和生活。无论你是刚开始创业，还是已经摸爬滚打了许多年，这对你来说都有裨益。

写这本书也不是想要来教育你的。我并不是热衷于教育的人，相反，我更热衷于学习。对我来说，这两者之间的区别其实很简单。教育使我的大脑接收更多的信息，而学习会改变我的处事方式。教育是以知识为基础的，而学习是变通的。本书并不是为了向你灌输更多的信息而用象牙塔里的商业理论和概念构思而成。有关这方面的知识，你已经有太多了。

本书中的观点是在我亲身开创、发展和打造企业和帮助别人创业的过程中反复总结出来的。我的客户与我正在运用本书中的理论满腔热情地打造能享用数十年的企业。我相信这本书不仅仅只是用来装饰你的书架的（让你的书架看起来不错的一本书），而是你打造企业所需的一本可充分利用的参考指南。

我从过往的事实中再次发现，我们通常认为企业将给我们带来时间、金钱和重大意义。但是出于某些原因，我们只希望它给我们带来金钱。由于我们只顾着赚钱，我们的企业从来没有带给我们时间上的回馈或者帮助我们在周围世界产生重要影响。我们太热衷于赚钱了，从而没弄清更重要的东西。

结果，所有事情都倒退了。我们拥有了企业，也接受了企业带给我们的任何生活方式。其中最好的情况也只不过是让我们拥有了金钱，但却很少会有足够的时间，而且几乎不曾产生过重大意义。这也不足为怪，因为制定规则的人通常都是赢家。而我们恰恰经常让我们及周围的企业来为自己制定生活规则。本书是为了帮助我们掌控企业并且重新制定有利于我们的规则，以便企业最终为我们服务，而不是朝相反的方向发展。

我现在还不确定建立企业的基本要素是否就真的只有这四个基本要素，它可能会有五个甚至六个。但是在我多年经营企业的过程中，我发现如果有了这四个基本要素，那么一个健康的企业结构和必要的其他部分都会随之而来。一个企业的大多数基本条件很明显。当我们开办一个企业时，会面临一大堆事情：营销、企业发展、运营管理、会计和其他一些事情。但是，企业的四大基本要素并没有显现，因此我们得去主动获得并邀请它们进入我们的企业。成功的创业者就是这样做的。

有人向我询问有关财务和会计方面更多的信息，因为这对成功是那么重要。我的回答是——你应当读读卡伦·贝曼和乔·奈特所著的《企业家的财务知识——你需要清楚了解的数据》，然后聘请一个好的注册会计师。因此无须我再重复他们已经说过的话了。本书重点阐述不太明显但同样重要的四个基本要素。

最后，我认为我只为创业者们带来三样我建议的东西——清晰、希望和风险。如果我们清晰了解我们的现状、我们要去的目的地，并有完成最初几步的清晰措施，那就给了我们希望。这不仅是满怀愿望的希望，而是字面上应有的希望——确信我能够做到。为了满腔热情地打造一个给你一直想要的生活的企业，这种希望会让你去冒一些慎重考虑过的、必须冒的风险。我要将你的希望从愿望变成信念。

对大部分成年人来说，除非我们摆脱那些难以改变的，有时甚至是陈旧的现实观，否则我们不会去学习。我希望这本书会带给你对传统企业智慧的新思考，并再次向你介绍一些你遗忘已久的思想和做法，而这些东西可以改变你的企业和你的生活。

请利用这本书来打造一个为你服务的企业，而非你为它服务。利用这本书打造一个生存下来、取得成功，乃至有意义的企业。请满怀热情地行动起来吧！

目　录

第二部分 目标清晰 关注重要事情

3

4

第三部分　准备——发展成熟企业的主要工具

6

7

整　合

第一部分

控制——征服"急迫事"

1. 只顾赚钱的创业者不能存活

我们得到我们想要的，而不是我们所希望的。

——查克·布莱克曼

大多数创业者认为他们创业的目标是赚钱。不过，事实并非如此。"创业者的目标是打造一个赚钱的企业。"这是完全不同的两码事。而与我打交道的每个创业者几乎都沉溺于设法赚钱之中，这大大阻碍了他们赚大钱。

在我们第一个孩子诞生的几个星期内，黛安娜和我已经在设想和预料当他长大后、大学毕业和独自在外打拼时会是怎样的。在我们三个孩子出生后，我俩都进行过这样的讨论。

在写这本书时，其中两个孩子已经独自在外打拼了，且都经营着他们自己的企业，第三个孩子今年即将大学毕业。这三个孩子现在都是成年人了，都非常愉快地专注于某一领域。我们盼望着与他们待一个下午、几个节日，甚至一个长假，我们的付出几乎得到了同等的回报。

或许黛安娜和我都是超然的人。从一开始，我们认为我们的孩子不只是孩子，而是在成长的成年人。我们都清楚地认识到，为引导孩子我们所投入的大量时间、感情和金钱，在某个时候最终会转变成另外的一条双行线。我们希望作为成年人，都可以为彼此投入，互相帮助找到我们生活的意义，并简单、愉快地相处几十年。

我们的企业也应当成长

也许正是这种观点使我看待企业不同于别人。我认为企业也应当成长。我的意思并不是"如果有了企业，它就会不错"。我的意思是我们大家都应当指望我们的企业成长，并指望它开始回馈我们及我们周围的世界。我们应当设想我们的企业会在某个时候生存下来，直到成功，乃至有意义。

我们应当都希望我们的孩子成长、离开家庭，变成我们能与之愉快享受几十年天伦之乐的成年人。谁也不会对此有争议，但是我们曾几何时这样地谈论过我们的企业呢？孩子成长是正常的，那为什么就不认为企业成长是正常的呢？坦白地说，我们在这两者出生时就对他们负责，如果你有过孩子，你就会知道——对企业日趋成熟的掌控力度远远超过你对孩子日趋成熟的掌控力度。

然而，大多数企业从未成长。我们花费几十年更换我们企业的"尿布"，并天天向副领导人报告，以免企业停滞不前。在名片印出 20 年后，我们似乎在企业上花费的时间、精力和金钱仍与当初建立企业时的一样多。为什么我们会如此热切地预料我们孩子的成熟，而从不同样地预料我们的企业成熟呢？难道我们不应当指望能够享受我们成熟的企业几十年吗？

我认为问题的根源在于企业的传统观念没有让我们将企业变得成熟。这令人难以置信，但本章的标题所说的是事实。正是你所想的事情会让你的企业成功，而一门心思想着赚钱就会阻碍你成功。你太急于赚钱了，没有企业能那样存活下来的。

这并不是文字游戏，而是一个严肃的问题。你只是简单地忙于赚钱，或者更差的，只是绞尽脑汁地想而没有行动。其中任何一种情况都会阻碍你发挥你所能，而最可能的是阻止你打造一个不断成长的企业。

如果你想要一个你可以享受几十年，并且在你度假时它也能为你赚钱的成熟企业，那么你可能需要一种全新的企业观来实现它。你可能只需要重拾企业成立时曾有的观念，并找回创业之初的热情。这两者可能都要你剖析你的思维和经营过程，这样才能使你的企业在竞争中生存、成功，乃至有意义。

多年来，你的企业已让你习惯于关注赚钱（和其他徒然的分心事情），然而，不幸的是，当你观察其他企业时，你看到它们大多数也是关注赚钱。但普通的企业都给我们树立了一个不良的榜样。它们都像旅鼠似的互相跟随，前赴后继地奔赴热心赚钱的悬崖。事实上，旅鼠并非自愿跳入水中溺死，但是，像许多创业者一样，他们从周围的创业者那里得到暗示，并假定迫近悬崖边也是正常的，只是因为其他人都在这么做。

变成正常，而非普通——打造一个为你赚钱的企业

这个观点？拥有一个从不成长的企业是不正常的。但是，这现象无疑很普通；每个人都在这样做，但这的确是不正常的。我们在本书第三章中会发现什么是正常的——你现在应当明白，从普通变成正常需要做的一些事情很可能会深深地植入你那企业是如何运转的想法当中。因此，我们开始"剖析企业"的手术吧——开始治疗！

两件对立的事

这很好地解释了为什么我们热衷于绞尽脑汁赚钱，而很少设法打造一个能为我们赚钱的企业。创业者常常在平衡两个对立的事物中挣扎："急迫事"和"重要事"，在这两者之间的挣扎是每个创业者每天面临的事情。

我们受制于"急迫事"，从而阻碍了我们对"重要事"的关注，这几乎是普遍存在的现象。如果这描述的就是你（你可能从不知道这一点）的情况，你很可能永远也建立不了一个成熟的企业。

让我们更清楚地来看看这两者：

急迫事	重要事
（自己赚钱）	（打造一个赚钱的企业）

$$\longleftrightarrow$$

会成为反应性的人质　　会有前摄性的自由

急迫事

每天从早到晚，我们企业中的各种急迫事情扑面而来，这迫使我们

尽最大能力作出反应并采取措施。我们忙于应付一个接一个的迫切任务，甚至更糟糕的是，同时设法对付多项任务，还得意地自称"多面手"。

急迫事都像暴君似的——它们想要统治我们。它们像任性的孩子，尖叫大喊，调皮捣蛋，非常无情地呈现在我们面前。我们不必去寻找这种急迫事——它们会找到我们，并迫使我们成为它们忠实的臣民。随着时间的过去，我们将自己托付于这样一种概念——因为我们的企业教我们这样生存，而且周围所有企业似乎都是这样子，所以这是正常的。人们乐于接受枯燥无味的企业游戏。

枯燥的赚钱游戏

每天逼着我们的最急迫事情之一是必须赚钱来应付当天的支出账单。想想这件事。在你开业那天，短暂的笑容过后，就变成令人不舒服的怒吼，声音颤抖地大喊"我需要钱！"那些高雅的办公大楼、诱人的买卖和那些位于市中心的临街商铺，很快就变成了你的现金流上无情的债务。你马上意识到"目前明摆的危急"是没有足够的钱。

因此，从一开始，你的企业就教你去找钱。但你怎样得到钱呢？从客户那里。你又怎样得到客户呢？从销售中。是的，你销售产品或者服务，因此你能得到一些客户，你也能赚到一些钱，因为你的企业告诉你你需要它。

你很快认识到你的新客户只是签订合同，不愿付款给你，因此你实际上必须履行合同，否则你得不到钱。很早的时候，你的重心从销售转为生产，并且在你交付了产品或服务后，你的客户最终付款给你。也就在这时，第二天租金就到期了。

但是，由于你一直忙于生产，你没有时间出去开发新客户，突然你觉得什么也没有了。因此你又重新去做销售，获得客户，生产，获得回报，做销售，获得客户，生产，获得回报，就这样重复着。这的确是枯燥的赚钱游戏。

随着时间的流逝，你已经非常习惯于这种压力，即使它不再存在的时候也一样，你在赚钱去泡温泉和一年度几个星期的无薪假，你从未离开过这种企业经营模式。你已经忘记了最初创业的热情，而现在实际上所想的目标就是赚钱。

看到你的企业是如何训练你的了吧？你和你周围大多数创业者都已习惯于几十年只是不断地换"尿布"。因为其他人也在这样做，这看来是正常和自然的——是可行的方法。

随着时间的流逝，你已经习惯于这种压力，忘记了最初创业的兴奋劲，而现在所想的目标就是赚钱。

但这是死胡同。

这就是大多数企业为什么从未成长的最大原因。充其量，它们是在30年后最终"退休"，脱离这种枯燥的生活时出售它们的资产和客户名单。顺便说一句，"退休"是一个破败的工业时代的概念，它已被一些更有趣和更有意义的事情所取代——更多详情请参看本书第六章。"急迫事"催生了一个像三岁小孩一样永不成熟的企业。

7

重要事

与"急迫事"正对着的便是"重要事"。重要事情往往平静而有耐心地待在角落里，并低声说："我的确重要。但你没错，因为今天你在乎我并不能让你立即赚到较多的钱。因此，到下星期你匆匆走过时，我想我会尝试再轻轻催促你。"

"急迫事"往往威逼着我们作出反应，但"重要事"要求我们具有前瞻性，因为它们几乎从不显得"急迫"——比如考虑下一月或明年应该是怎样的，到时我的企业会是怎样的，我的客户对我卖给他们的产品有何反应，我的处世流程是否达到应有的良好状态，以及"我真的需要写下某天我们如何处理这件事"。我们今天做那些事情不赚钱，因此它们似乎不是"重要事"，它们的确不像"急迫事"那样能支付账单。

顺便说一句，我并不是说把重点放在"急迫事"上不会使你赚钱。这是问题的一方面。我知道许多赚了数百万的人就完全倾注在"急迫事"上。不过他们也处于枯燥无味的状态，而且一些人甚至没有意识到。应付眼下的"急迫事"只会带给我金钱上的财富，而致力于"重要事"会带给我真正的财富——支配我自己时间的自由和能力。

你要哪一种财富呢？是没有时间使用的财富，还是可让你去度假而你的企业在按部就班地给你赚钱的这种财富？如果你注重"急迫事"而将"重要事"推后，那么你最后的希望是，你会赚钱，而永远不如你能够或应当赚到的多。但是，如果你现在就注重重要事的优先考虑，那么你将踏上真正的财富之旅——自由！自由是我能提出"你现在有一个成熟企业"的最佳证据。

"Riches"定义为金钱；"Wealth"是你支配自己时间的自由和能力。

切莫"稍后"

吉姆·贝勒开办了"和平汽车修理厂"。他过去常抱怨员工实在太糟糕——他自己是一个技术精湛的机修工，曾经一度很难找到像他一样干得好的人。走了一拨又一拨机修工之后，他受刺激了，也一再证实了好技工难找。

经历过多次刺激之后，他最终缓和了下来，在三个多月的时间里"浪费"了几个有价值的下午（他能用来赚钱的时间）来写下他想要事情如何进展的简单流程和标准。这些事情原来对他来说是次要的，而且写下这些似乎不像是可以赚更多钱的好方法——就像记录如何呼吸一样。但是，不管怎么说，他还是记下了，然后他还费了更多时间与他的机修工反复落实这些流程，以更高和更一致的新标准培训他们。

吉姆现在有8名机修工为他工作，且因他们的出色工作，他的修理厂也备受客户尊重。吉姆现在相信他的每一个技工都能像他一样完成工作，而且有几个甚至比他还更出色，这不足为奇。吉姆只做了许多重要事中的一件，这就改变了他的企业和个人生活，并且使他走上了打造成熟企业的道路。现在，当吉姆在他喜爱的岛上啜饮茅台酒时，他相信自己不在场的时候企业也在赚钱。他目前正享受着他成熟的孩子和成熟的企业带来的快乐。

赚钱与打造一个企业

"急迫事"让我们集中精力去赚钱。"重要事"帮助我们打造一个能为我们赚钱的企业。不过别误会。你必须赚钱。对，不过不是你，而是你的企业。但问题是企业教我们去用我们自己的时间去赚钱。这也叫做步步为营，就是按企业自己的步伐发展起来。假设我们出售一件小物品，然后我们拿这利润去另外购买两件，再出售它们，然后再购买四件。

除非你事先就投入一大笔钱，你可能在企业的早期阶段就成为小物品的制造商。如果你是一步步成长起来的企业，那么你必须与你亲自全身心投入赚钱的习惯作斗争。你若是自己企业的主要产品生产者，那么这几乎可以肯定会阻碍你打造一个能在你度假时为你赚钱的企业。

但是，在早期你解决如何摆脱产品生产者的角色时，你还得支付账单。为此我采用一种简单的概念——"双管齐下"。

双管齐下

如果我们在孩子成长过程中把他们当成人看待，那么这会提醒我们作出有助于他们现在和将来成年时的决定，这就是一种"双管齐下"的思维形式。在企业中，"双管齐下"只不过是以同样的事情来解决急迫事（赚钱付账单）和重要事（打造一个成熟企业）。

"双管齐下"，同时解决急迫事和重要事。

这里有一个例子。当我最初为其他创业者提供咨询和充当顾问时，我是孤军作战——唯一的生产者。为了获得客户，在开办"企业领导洞察力午餐会"两年半之后，我仍然每周二亲自操办。我需要客户，因此我为自己获得这免费午餐——而其他人都从正常菜单上订餐。这是以我的经验服务企业团体的大好途径，也是建立客户信任感的大好途径。简单的做法就是直接利用这种午餐会赚钱——主导讨论、获得客户、提供产品、获得报酬，然后接着办下一个午餐会。

不过，我并未满足于只从"企业领导洞察力午餐会"赚钱——我在设法打造一个为我赚钱的企业。从一开始，我就有建立一个成熟企业的心态。因此，在招募新人和搞第一次午餐会的那几个星期里，我不断问自己："我怎样用这种活动来打造一个在我悠闲度假时仍在赚钱的企业？"我忽然想到的不只是很有启发，而是非常有帮助。

　　我要其他也想办午餐会的人与我一样行动，要么搞他们自己的"企业领导人洞察力午餐会"，要么开始就在我的午餐会上发言。因此，我写下流程——我开创午餐会是怎么做的、我如何招募人员、适合这种午餐会的好餐厅的特性、如何鼓励互动，以及如何营造创业者受益的常规环境。我也为第一次午餐会讨论制作了一个讲义和一本领导人指南。

　　写下这些，再加上为每次午餐会45分钟的准备时间——时间不太多——我决定为此后的每次午餐会制作一个讲义和领导人指南。除了举办午餐会之外，我用这种潜在的赚钱活动帮助我打造一个今后也会为我赚钱的企业。

　　记录下开始和举办一个午餐会的过程，同时每周制作午餐会讲义，这没有为我直接带来更多的钱，而且我也可以将这看成是一件分心的事情。但是，我现在在其他城市有一些午餐会推动者和客户，这些推动者在开始他们自己的午餐会，我所需做的是教给他们做事的程序、我曾经开办的数十个专题研讨班情况，并提供总体指导。他们能够很好地遵循这种程序，并将他们的新事例添进讲义，从而大大提升其水平。

　　我想到今后当我不在场时的另一个简单的赚钱方法，那就是记录午餐会。我现在有几十场他们的午餐会的录像发布在互联网上，有免费吸引客户的，也有收费的。我们也将这些制作成纸制稿，作为我开办研讨会和讨论活动的素材。这些也为我写作本书提供了很大帮助。现在当我在度假时，这些午餐会就在帮我赚钱。

　　重要的事情，如写下程序，它几乎不会马上给我们带来收益，但它们几乎会在今后给我们赚取更多的钱——远多于我们今天做那些急迫事所带来的收益。如果你能对它们实施双管齐下，那么你就找到了最佳点。

　　萨曼塔和卡姆·德瓦特经营一家批发兼零售店已经22年，每年25万美元的总收入很可观，这为他们提供了不错的生活。他们告诉我他们是成功的，对过去的22年和在他们退休前大约15年的光景也感到非常满意。但当我们谈论什么是真正的财富（自由）时，萨曼塔的表情就变得越来越紧张了，在大约45分钟之后，她转向我平静地说："我为这个感到非常烦恼。我们似乎离开这里几天都不行。这事（他们经营的店铺）就像一块压在我们脖子上的石头。"22年之后，她仍然要像22年前最初创业时一样投入那么多的时间和精力，这的确是不正常的——不过很平常，但非"不适"。这会让你筋疲力尽，而这也让她疲倦到了极点。

22 年来，他们现在首次开始打造一个企业，而不只是赚钱。

我们在那天开始帮助他们学会如何实施双管齐下。22 年来，他们首次开始打造一个企业了，而不只是赚钱。几个月后，他们失去了他们非常器重的办公室经理。当我在几个星期后回访时问萨曼塔新雇用的詹娜工作进展如何，她说："过去，需要反复从失败中寻找解决办法，得花半年时间，这花费了我们大量的钱。但最近由于正确使用了一些简单的流程，几天之内，我们只与詹娜交谈了几个小时，她就把事情办好了。"詹娜正坐在那边，微笑着指着我们曾为最初的办公室经理制作的那个简单流程图说："我做得这么好，是因为有这个图。"

萨曼塔和卡姆现在是 22 年来首次走上了打造一个成熟企业的道路，而且他们很快就有信心在未来几年看到成果，并让他们今后真正享受他们的企业带来的收益。

这只是双管齐下的两个例子。这并非特有的聪明或具有创造性，而只是设法寻找方法——利用你企业中每个赚钱的举动去支付账单，又同时帮助你打造一个成熟企业，以便你去做其他对你来说更重要的事情时，企业照样能为你赚钱。

"当我在度假时，如何利用目前这件事去打造一个企业？"这样问自己是很重要的。你每天在企业做每一件事时都这样问自己，那么你的企业就会迅速改变，并且开始成长。如果你只集中精力在急迫事情上，那么你的企业永远也不会成熟起来。

时间和金钱

我们所犯的一个重要错误就是用我们企业本身来衡量企业成败，而不是用它所能提供给我们创业者的东西来衡量。我一个熟识的朋友认识一位房地产经纪人，这位经纪人在他们州名列前五，个人月收入达 80 万美元以上。如果你问她目前的企业经营得怎样时，她通常会用"很棒"、"极好"和"很不错"之类的词来描述。但当反问她企业给她个人带来了什么时，得到的就是另外的答案了。

她很久以来没有分析原因。在那光鲜迷人的表象下，是一个每时每刻都在消耗着她的生活并负面影响她的家庭的企业。在去除她的市场营销开销之后，其中包括电视、广播、印刷品和团队的费用，她这种全方位消耗的努力最终每年只带给她 7.5 万美元左右的净收入。如果不是以企业带给她个人什么来衡量，那么她的企业看似还很不错。

为了给我们提供两个基本资源——时间和金钱，我们才建立企业。我们很大程度上关注企业如何为我们带来金钱，而很少思考它如何为我们提供时间。正是对这两者的这种分离态度，使得我们不能充分拥有它们。

打造一个成熟企业

我们必须停止以企业自身来衡量企业的做法。我定义的"成熟企业"是从创业者的角度出发，而非企业自身。创业者的生活方式表明企业的成熟度，而非企业的收益或增长。一个成熟的企业至少有两个特性：

1. 创业者不是产品制造者——即使是，那也是日常选择，而非他必须这样。

2. 有了第一个特性，当创业者在度假时，企业也在赚钱。

如果考量得当，我们的企业就会为我们提供时间和金钱，而这最好的证据就是当我们在度假时，企业仍在赚钱。除此之外，企业成熟可以包括出售或继续发展等许多事情（见第四章）。在你拥有了这两个基础之后，你就弄清了企业成熟对你意味着什么了。

对企业成熟的不同思考

当为我的客户这样界定成熟的企业时，我常得到下列反应："这感觉非常不错，为什么我们先前没有听说过呢？"我同意这点。我也希望我在更年轻的时候就这样做了。

我们没有这样考虑的一大原因，是我们得到的太多"企业家"的建议是发展一个企业是为了你可以出售它。一般看来，这成了企业的最高形式——并且听起来也很有吸引力。问题是，我了解到几乎没有人愿意在一个企业上倾注数年的心血而只是为了出售它，然后走开。

我们在孩子身上投资那么些年不会只以过去的照片和故事告终，而我们大多数人投入大量时间和精力发展企业也并不是想最终离开它。无论是有意识的还是潜意识的（通常是后者），我们知道"发展一个企业然后卖掉它"就像被迫停顿下来或者必须从头开始的许多工作一样。因此，我们绝大多数人都任由那种冠冕堂皇的"发展企业并卖掉它"的说法流传。

我们不愿发展了一个企业然后就卖掉它，因此我们假设另一种情况就是将企业发展到足够大，从而为我们赚钱。我们埋头苦干，花费数十年只关注赚钱，最终像萨曼塔一样厌倦了我们曾为自己制造的陷阱。我们创业所做的就是使自己获得一份工作，以及一个需要照料几十年的不成熟的企业。

但是，其中有一个办法是我们从未想过的，它对我们大多数人来说都合适——不再关注赚钱，而是打造一个你在度假时可以为你赚钱的企业，然后享用这个企业几十年，而不是被它所钳制。为什么不打造一个别人乐意购买的企业，而是要保留它并享受它呢？如果别人想要买我们的房子，那说明这房子有吸引力且住起来不错，而这正是我妻子和我不打算卖掉它的原因，我们会喜欢它。我们对我们的企业应当拥有同样的心愿。

成熟带来自由

我们对自己企业的期望应当不少于我们对孩子的期望。如果我们没有期盼我们的企业成长，那么我们在创业 22 年后仍然要给它换"尿布"，而不是像萨曼塔和卡姆那样，很快就成长起来了，现在已经是成熟的、自给自足的"成年人"了。

请记住，Riches 等于金钱，而 Wealth 等于支配你时间的自由和能力。你想要成为一个拥有支配你时间的自由和能力这种财富的人（拥有一个企业，你在外做你想做的事情，而它仍在为你赚钱）吗？我们在这本书中会发现，打造一个成熟企业给我们带来享受它的自由并非尖端科技——它根本不关乎天资或才能，只需有意识地关注重要事情。

你在此列吗？你会与我一道打造一个为你创造时间和金钱的成熟企业吗？从竞争中存活下来，然后取得成功，直到成为有意义的企业，这听起来激动人心吧？摆脱热衷于赚钱的枯燥游戏并打造一个可以享受几十年的成熟企业，让我们弄清楚为此需要怎么做吧！

2. 我们是怎么卷入枯燥游戏的，为何摆脱不了

从一开始就心系目标。

——斯蒂芬··科维

大多数小企业的创业者都没有考虑如何让他们的企业存活下来到取得成功，直至有意义。大多数人都太过忙于围着他们的方向盘打转。据调查，小企业创业者平均每周工作 52 小时（Wells Fargo/*Gallup Small Business Index*，08/2005）。其中肯定有一群懒惰的人。该调查也发现，大多数小企业创业者每周工作六天，20% 以上的工作七天。有 1/7 的人全年无休，将近一半的人说他们在度假时仍要回复与工作有关的电话和电子邮件。

这里还有一些数据更让我不安，那就是来自 2005 年的美国人口普查数据：3% 的创业者掌控着美国收入的 86%。其余97% 的创业者争夺剩余的 14% 的收入。

因此，时间和金钱都非常珍贵。所有创业者都希望创业能为他们自己赚取更多的金钱，赢得更多的自由时间。但情况常常相反。为什么其中大多数人这么卖力地工作而没有接近那3% 呢？是因为我们不如他们聪明或有才干吗？我相信不是这样的。很大程度上只是我们没有花更多心思考虑如何将我们的企业发展到一个更高阶段——成熟。

在我们着手了解如何打造一个成熟企业之前，我们必须弄清楚两件事：

1. 我们是怎么变成现在这样的；

2. 为什么我们不能摆脱这种乏味的游戏。

这两件事看似明了，但是，如同养育孩子一样，在走向成熟的道路上会存在许多"怎么办"和"为什么"。因此，我们必须首先弄清楚一个企业如何发展和变成熟。

企业发展的七个阶段

一个企业的成熟周期分为七个阶段。为什么是七个呢？嗯，也许是五个或者十二个，但我发现了七个看来明显不同的企业发展阶段。我的两个爱尔兰好友约翰·希南和莫特·墨菲在几年前确定了企业发展的九个阶段，从那时起我开始考虑这个问题。幸亏他们开启了这扇门，这为许多创业者提供了很大帮助。

企业的七个发展阶段

	企业发展阶段	创业者的生活方式和心态	工作重点
1	想法和启动 创业者倾注时间 构想 想法付诸实施 顺利开始 销售人员	收入：来自企业外部 生活方式：不错，但由储蓄或外部资助来维持 心情：兴奋，企业顺利开始 "多么快乐的事情！" 商业重心：设想、开始、设立、销售	销售
2	生存为本 "我们在启动时消耗了许多燃料。" 销售人员	收入：倒退或来自企业外部 生活方式：谈何生活方式？所有时间和金钱都被企业消耗掉了 心情：提心吊胆或者疲倦，"没有想到会这样艰难。" 商业重心：急于推动销售	销售
3	维持 企业甚至停滞，完全依赖创业者 职业人员	收入：时常中断——供给停止了 生活方式：勉强维持，只是稍微松了口气。仅处于"低标准"状态 心情："我做到了！如果我停下来，企业也就停下来了，不过这也可以了。" 商业重心：生产。"必须保留住客户，否则我会回到求生存的状态。"企业完全依靠创业者承担一切职能	技术
4	事必躬亲带来的稳定 销售扩展 运营是关键 职业人员	收入：时常有赢利了。可以享受假期和泡个热水澡 生活方式：没有时间！太忙于生产了，没有时间享受金钱 心情："感觉在玩枯燥的游戏。"有点绝望 商业重心：跟上销售，精心安排生产。企业依靠创业者处理一切事情。 最危险的阶段——很少冒险发展到第五至第七阶段	技术

	企业发展阶段	创业者的生活方式和心态	工作重点
	由企业所有 心态大转变 创业者	忙于赚钱 打造一个赚钱的企业	
5	几经周折成功（发展） 组织在扩大——其他人在生产，创业者监督 制定流程图	收入：丰厚——高收入 生活方式：忙于管理员工，无暇享受金钱 心情："我在为企业工作，而不是企业为我工作。""企业太依赖我了！" 商业重心：其他人处理日常工作，但仍然要全程监管。要是离开四个星期，仍然会出现混乱局面 摆脱乏味的游戏，但仍然要监管一切	流程
6	有意义 非真正成熟 需要适当的管理 企业蓬勃发展 创业者提供愿景和指导 通过其他人管理	收入：创业者独立地拥有财富 生活方式：看似（不真实的）理想——有充足的时间享受金钱。在企业内外做他们想做的事情 心情：成功。"其他人终于各司其职。我自由了！" 商业重心："如果你要找我，我在高尔夫球场上。" 第二个最危险的阶段——不要早"退休"	领导
7	移交 成熟 管理部门负责 企业蓬勃发展 创业者只提供发展愿景 由其他人管理	收入：创业者独立地拥有财富 生活方式：理想——有充足的时间享受金钱。在企业内外做他们想做的事情 心情：觉得很有意义，有成就感 商业重心："如果你要找我，这是个问题。" 移交：只是将熊熊火炬交给继任者	顾问

　　正如我在第一章中所讲的，我不以企业本身来衡量企业，因为那样的确很难表明企业为我们带来了自由时间和金钱。因此，企业发展的七个阶段将描述企业是如何影响其主人，这是衡量私营企业成功的唯一切合实际的方法。

　　下面，我们看看这七个阶段，然后弄明白你如何应用它们。

　　在本章中，我们将好好谈谈前四个阶段，因为这四个阶段让我们明白我们是怎样陷入枯燥无味的游戏的。第五至第七阶段是让我们摆脱乏味游戏的阶段。我们将在下一章中阐述。

第一阶段：想法和着手启动

这是每个人梦想的阶段。我们设想我们的商铺里顾客盈门，电子数据表的结果很是乐观，商业模式也是成熟非常。

想法

想法并不自成为一个阶段，因为这是梦想者的阶段，没有金钱投入，也没有业务交易。

在第一阶段的前期，你在完善你的企业设想。你倾注时间和心思在脑海中构思新企业，然后写在纸上，接着可能（很少）拟订书面计划。你与信任的朋友探讨，听取他们的意见，或许还弄一个蓝本展示给他们看。大家都喜欢这个想法，你就马上操办起来。

在这个阶段之初，企业的重心在设想最好的产品或服务，以及考虑如何成为一个人人都喜欢的公司。

筹备资金

企业的启动资金以及你的收入都是由本企业之外的资金来支持——来自投资者或者你的退休金。为此，你的生活方式很可能只如你创业之前的样子，"收入"来源从实际收入变为虚的收入（依靠投资者或退休金生活）。

启动

只有当你最终承诺投入时间和金钱时才算真正的启动。这时你几乎不属于企业发展的任何阶段，因为你还只是在设想。一旦投入了时间和金钱，真正有趣的事情就开始了。

在第一阶段的心情是兴奋的，因为你在将梦想变成现实："多么有意思！"这是一个很棒的阶段，应是有滋味的，但好景不长。启动你并不想拖延的事情，尽快完成它。

快速前进

很少有创业者会期望他们的企业获得外部支持。从企业外部获得收入的期望往往给创业者一种不真实的安全感，或者是缺乏打造一个企业的真正意图。如果我们环顾周围其他企业的启动情况，还有得到的那些惊人建议——我们常被告知企业达到收支平衡需要18—24个月，我们也假定它就是这样子。因此，我们接受这为期18—24个月的框框，并充分利用它，像明天就没有机会似的拼命消耗启动资金，并觉得事情就是如此，因为我们假定它是这样的。

我在弗吉尼亚的一个很好的朋友兼企业顾问同行埃迪·德雷斯彻告诉我说，他的一个客户经营着一家不错的特许店，正打算另开一家。国家特许经营机构告诉他，需要一年左右才能实现赢利，因为那是发展所需的时间。由于这个客户想开设第二家特许经营店，因此他将这个时间表告诉了埃迪。埃迪立即反问他："谁定的那个规矩？"经过详尽的讨论后，他们决定在头三个月里实现赢利。结果，这家新店在头一个月就有收益，并且在接下来的几个月就接近收支平衡了。他想要更快更好地去做一些事情，他也的确这样做了，而不是因被"假定"的情况而耗费12—18个月的资金。

快速行动

我深信在企业早期阶段成功的重要指标不是你的产品有多好，你的市场营销多有力度，你多么独特，或你的资金多雄厚等任何传统的取得成功的想法。企业早期阶段成功的重要指标就是行动的速度！想想你认识的六个成功的销售人员，或者某个看似将他所触及的一切都转化为金钱的创业者。你会发现，他们几乎都是一旦有想法，就立马行动的人。而我们大多数人常常是花太多时间去思考、研究和计划。若有一个合适的基本计划，然后予以实施，并不断完善，那么我们的境况就会好很多。

这是我下一本书的主题，不过我暂时不太鼓励你贸然行动！不要再考虑开始的事，而且如果你已经开始了，那么不要再想它会如假定的一样维持到你的现金花完，而是要奇迹般地将它转变成自身赢利。有目标地经营你的企业，尽可能快地通过启动阶段。

19

第二阶段：生存

为什么在第一阶段你得迅速行动呢？是为了尽可能地避免经历第二阶段！你见过在冰冻的湖面上玩雪橇的人吧，是否见过他们快速开动雪橇以越过一片水域？如果你可以，你也会想要越过第二阶段。在有些情况下，无论你开始阶段多么雄心勃勃，但也不可避免地经历求生存的阶段，不过，这并不意味着你不应该尽可能地设法缩短它。

企业最具创造性的阶段

第二阶段会非常棘手，但由此也带来了一些非常有意义的好处。大多数很好的想法都在这一阶段产生，因为求生存是非常强的刺激因子——我们会做一切所需的事情，并尽可能地创造，以帮助我们摆脱这个阶段。

许多企业存活的故事都是极其可怕的垂死挣扎。他们要么必须改变方向，要么就得歇业，结果发现企业自己解脱了。我不能说第二阶段可取，因为这的确很难捱，但我可以告诉你这也是一个极好的机会——不要只关注生存而浪费它了。我们每天面对表面上是障碍的机会。若将第二阶段看做机会，而不是障碍，那么你就能用它推动你的企业走向成功。

消耗燃料

在你开始创业之前或者你正在第一阶段悬挂你的首块招牌时，没有人会特地告诉你的是——我们在开始起飞时要消耗掉大量燃料。

火箭在开始起飞时比飞行中的任何时候都要消耗掉更多的燃料。企业也一样。你可能没有想过会这样艰难，而成功的红地毯并非经常展开的。如果你跳过了这个求生存的阶段，那么恭喜你。这是不多见的情况。在我开始的每家企业中，在某个时候我不得不说"我没有想过会这么难"。我消耗的"燃料"太惊人了。

我需要销量！

当你耗尽来自"企业外部"的资金后，急需推动销售来产生效益成了唯一的重心。

你的生活方式恶化，或者更糟糕的是，你不愿意过差的生活，因而从你的养老金里拿出最后几个月可用的现金过着奢华的生活。所有可利用的时间都耗在了如何让企业生存下来。

第一阶段的兴奋心情已经消失了。时间在流逝，销售并没有像预期的那样迅速到来，而开销却在不断堆积。过了最初的半年左右，创业的心情逐渐从"多么好"转变成"我没有想到会这样难"。你设想阶段绘制的投影图在现实世界并不如愿，假定的那些会来敲你门的顾客也没有像设想的那样突然出现。随着外部资金的消耗，你需要钱，而要得到钱，你又需要客户。因此，销售成了一切！

训出来的印鉴——销售工作！

在你的企业发展中，企业不断教给你一个非常不好的习惯——赚钱。当你关注销售，你得到客户并且开始有了收入。因此你认为这是管用的。

从这种急迫事中得到的潜意识就是——我们企业"关注赚钱，这是对的"。但是，你的企业是《绿野仙踪》里躲在暗地里的小矮人，怒气冲冲地喘着气、愤怒地大喊，让你一再在错误的行动面前妥协。正是这将你引向了一条非常糟糕的路，形成了一个正在扼杀你的企业的习惯——赚钱。当然，你不会这样看待它，因为支付当月的账单是迫在眉睫的事情。

不幸的是，企业发展接下来的两个阶段继续强化了这种颠倒的成功观。第一阶段和第二阶段重在销售，第三和第四阶段重在生产，或者说"技术"。然而，这种重心的改变只是强化了这个谎言。

第三阶段：维持

"太好了！上个月实现收支平衡了！"你重重地坐在椅子上，怀着不敢相信、疲惫和越来越兴奋的复杂心情凝视着墙壁，这种情形还是第一次发生。这个企业终究可以生存下去了。然后开始庆祝。开香槟酒，前往海岛度假，我们的企业真正成功了！你在第一阶段曾有过的兴奋心情在第二阶段消失后，现在又回来了。

不过，没有这么快！

一个月的收支平衡并非就意味着到了第三阶段。不要自认为成功。在企业收支平衡至少三到四个月之前（有些企业可能所需时间更长），我都不认为我的企业是处在第三阶段的。

在维持阶段，创业者能够支付所有账单，包括个人开销。这的确是一大喜事！在企业和个人方面，数月来第一次在月末的账目上没有出现赤字。

比第二阶段好，但是……

不过，这种兴奋心情没有持续多久。维持看似不错，这只是出现在求生存阶段。你从住在沙漠中的一顶帐篷里，到住在一间墙壁上有洞的粗糙小木屋里，一个生存花园，上下水管道在户外，附近是浑浊的小河。那虽不是泰姬陵，但与你刚出来的地方比较，也看似非常好了——暂时。

你在第二阶段遗留下来的生活方式的确没有改观。它改变不了，因为第三阶段并没有改变空间，也没有"行贿资金"来源。你作为创业者能支付你所有的账单，但你希望自己的汽车不会发生故障，或者某个大客户会快些兑现其账单。异想天开的假期，或者任何假期，可能都不在考虑之列。企业太脆弱了。似乎你打个喷嚏，都可能失去一个客户。

因此，在第三阶段，你的生活方式仍不在考虑之列，但至少你感觉轻松了一些。这就是所谓的基础，不过这基础看起来很好，因为它们最终兑现了。

重心从销售转向技术

在第二阶段，你的企业重心转向生产，提供你苦心经营的产品或服务。你现在完完全全成了生产者、工匠或手艺人。不幸的是，企业中急迫事这个暴君仍在教你不好的习惯。

在创业第三阶段的心情是："喔，我成功了！如果我停下来，那么企业也会停下来，但我不想停下。"当然，你不会停下。但是，维持状态好景不长。你厌倦了这个初次看似不错的贫瘠花园——过滤浑浊的河水饮用，冷风从小木屋墙上的裂缝呼呼地灌进来，在半夜起来去外面上厕所。那是一段不错的上升阶段，但很快，你开始目睹所有的困境。

最大最可怕的窘境是根本不能放松。关注生产是绝对重要的，因为任何一时的混乱都会导致失去客户，而你根本承受不了失去的打击，因为你正处在生存的边缘。第二阶段求生存的情景就在身后，在等待你不知不觉退后陷入其中。

因此，你一心扑在你能提供的最佳产品或服务上——你成了一个十足的专业人士或手艺人。你的个人生活无疑被延后考虑了，因为如果不这样过分地关注企业，你无论如何也挽回不了你的个人生活。

第三阶段会是个艰难的阶段，因为你总在想何时可以轻松。过一日比过一星期似乎还漫长，过一星期似乎比过一个月还漫长。然后，好事降临了，你最终得到了盼望已久的休息。

第四阶段：稳定（事必躬亲）

你在第二阶段企图获得的大客户曾经轻视你，现在最终决定给你机会。或者你没有计划的店前建设最终结束了，而且人们又开始来到你的商铺前。你第一次到月末有余钱了——实际利润。直到这时，"利润"一词才意味着"我可以拿回家支付我个人的账单"。这也是你第一次明白了你的会计师曾经一直试图向你解释的——"收入并不是利润"。利润是在你支付了所有账单及付给你自己薪水之后的部分。你现在有一些利润了！

你的企业产生了一个新问题。这个月你要怎么处置这额外的 900 美元呢？你是拿回家作薪水并作为一次热水浴的预付金，还是购买某件你在几个月前就渴望得到的东西（你认为它可能有助于企业发展）？还是不动用它，到下月再看看情况如何？

第四阶段的企业通常收入多于日常开销和薪水的支出。如果不是经常性的可盈利，那么不要欺骗你自己——企业仍在第三阶段。但当企业有规律地盈利时，创业者的生活方式就会大大改观。热水浴、外出度假、与孩子们消遣———切回归正常了。

第四阶段的企业甚至能为创业者带来数百万的收入，但这大额利润永远也不会让企业或创业者到达第五阶段。这是因为你企业中急迫事这个暴君仍然让你只注重赚钱。你下定决心要跟上企业发展，并继续保持在你只有两个客户且耗费你所有注意力时的生产水平。

这的确疯狂。并且，因为你在第三阶段之后还只关注赚钱，而不是打造一个赚钱的企业（如果你记得，这是你现在应该做的事情），这就变得更加疯狂了。

你新增的利润暂时让你分散了注意力，忽略了第四阶段仍然存在的问题。你从摇摇晃晃的小木屋搬到了一所带上下水的漂亮房子里，在不远的拐角处还有一家杂货店。你为你的家人创造的生活非常好。你已加入实现美国梦的行列。你赚到了钱，与邻居友好相处，还有一个保持这一切幸存的在运转的企业。你可以享受热水浴，每年可以外出度假几次。但有些东西正在失去——太糟糕了，你没有去享有它。

我现在怎样呢？

随着时间的过去，你认识到你在创业之初所设想的生活与你的配偶和孩子正在享受的生活非常相像。但是，企业不断让你的注意力纠缠于它，从而阻碍你充分享受你本应有的生活。企业太过依靠你，如果你离开了，那么等你回来时会有一堆问题在等着你。周末和假期似乎仅仅是充电的时间，让你有点儿力气再回来工作。但是，你的歇息时间仅是用于恢复精力，这并不是你原来所要获得的或者你所想的。

你是获得一个企业还是一份工作？

当你开创这个企业或者获得这个企业时，你得到了什么？然后它让你逐渐明白——只需留住公司，你就可以享受热水浴，每年有几星期的假期，无须彻夜不眠地想着企业是否会生存下去。

你认识到你获得的是一份工作。你是自己的雇员，而且你的企业这个暴君让你服从它的命令"努力赚钱"。为什么你没有看到自己掉入陷阱？为什么在你到达第四阶段之后这么久才意识到你没有与家人享受他们的生活？

大多数创业者之所以没有脱离第四阶段，有两个简单的原因：

1. 企业教你——赚钱应是重中之重。在开始的两个阶段，急迫事让你注重销售，而在接下来的两个阶段，它让你注重生产，你成了一个工匠，这全都是因为你需要赚钱去支付账单和扭亏为盈。

2. 当你厌倦了在去办公室的路上送你的家人去乘船时，你环顾四周，发现其他"成功的"创业者也在做着同样的事情。他们都是辛勤的工作者，比"别人"花更多的时间在工作上。如果你想要一个成功的企业，你必须花大量时间在工作上。一个拥有大量自由时间且心情轻松的创业者似乎是罕见的，即使你碰巧认识一个。因此，他们一定是例外，你也认为自己正在经历的就是正常的。

开始黯然神伤——"我觉得我在玩枯燥乏味的游戏，且看不到出路。"企业没有教你如何摆脱这种乏味游戏，周围的其他创业者似乎也没什么不同。下意识地，你已经成了你企业的人质，且看不到获救的尽头。但你认为这是普遍存在的现象。

你企业中的人质——未知带来的影响

为什么与人质类似？

一个犯人可能无法掌控当前太多，但他能掌控他的将来。在监禁期间，他们知道规则，知道什么样的良好行为会缩短刑期，而最重要的是，他们准确知道他们自由的那一天。对他们来说，可以期盼某一天到来，到那时一切都不同了。

研究表明，成为很短时间内的人质相比较长时间的犯人，带给前者的不利影响要大得多。这是为什么呢？

因为不可知。

规则不清晰或总是改变，且前面是没有尽头的囚禁，从不知道什么时候结束，或者更糟糕的是，不知如何结束。不幸的是，大多数创业者也是他们企业的人质，但这并没有使之正常，而只是成了普通的事情。正如你所知的，这让你每天焦头烂额。当我们作为创业者只关注赚钱时，我们不知未来在哪儿，也因此弃权，我们可能不知道到达目的地的规则。

稳定——最危险的阶段

即使有枯燥乏味的问题，第四阶段也是最危险的阶段。在第一阶段，你可以拥有极少或非常多的钱。你历经艰辛到达第四阶段，急切地想避开未来的任何风险，以到达另一个阶段，从而度过你余下的职业生涯。第四阶段的企业可以赚来很多钱，但它不容你有多少时间去享受这些金钱。

更糟糕的是，我们大多数人并没有意识到还有另外一个阶段。你认为第四阶段是成功的顶峰——你现在能赢利了，你还要什么呢？唯一要做的事情就是看看你比隔壁的企业人质能多赚多少钱。这的确是最危险的阶段，事实证明，几乎每个企业都在这个阶段停滞不前了。

为什么你认为你已经"成功"了呢？是因为急迫事战胜了重要事，并让你成了另一个牺牲品。

不过，还有希望。

摆脱乏味的游戏

想想你认识一个这样的创业者：她看似心情轻松，步履轻快，且能够正常下班。当她这样做时，她似乎是在享受时间，而不是努力从工作状态中恢复过来。你暗自认为她是例外——但她正是那样，而且这并没有使她成为反常的人。事实上她非常正常，而绝大多数创业者在第四阶段停滞不前了，这是完全不正常的。他们只是普通的情形，而她是正常的。

在第四阶段停止是不正常的，稳定是唯一普通的情况。几乎所有人都这样，但只有一个简单的原因——他们从未想着做其他任何事情。他们只想着赚钱，而这也正是他们在做的事情。请记住，问对问题就已得到90%的答案。要问的问题是："我该如何打造一个成熟的企业？我什么时候实现它？"可是到目前为止，你可能关注了一个错误的问题："我怎样赚钱？"

如果你在脑海中改变一下问题，你也可以避开企业对你的专横，也能变成正常的。这就是下一章要谈到的内容。

3. 摆脱枯燥游戏之道

站在镜子前问自己："如果我无所畏惧，那我会怎么做呢？"

第一阶段到第四阶段是大多数企业都会经历的。不是因为很难到达第五阶段以上（我认为从第二阶段到第三阶段更难），而是因为我们没有打算打造一个会到达第五阶段以上的成熟企业。具讽刺意味的是，我们真正获得的是我们想要的。我们想要我们的企业必须到达第五阶段及以上了吗？

立即行动

道恩·马戈斯基是我在丹佛的一位企业界好友，他教我这样一句中国俗语："植树最好廿年前，今日动手也不晚。"

好吧，你像其他人一样整天围着赚钱转，从不有意识地考虑如何打造一个在你度假时仍在为你赚钱的企业。你处在第四阶段已经有好几个月（甚至几年）了，而你只是认为这是正常的。没有人质疑你认为去做更多的事情是正常的。好了。我们有大量时间去弄清楚它——事实上，相比你在第二三和第四阶段间的徘徊时间，弄清楚它所花的时间根本不算长了。今天就行动。

企业成熟的基本情况

成熟企业的基础是：你不再必须成为生产者（即使你选择继续这样做），而且在你外出度假时企业也在赚钱。

就是这样。

一个成熟的企业需具备这两点，以移交或出售企业——具体看你如何描述一个成熟企业。尽管以上面两点作为企业成熟的基础，我还是会鼓励你。缺少其中任何一项，你就会仍旧停留在乏味的游戏中。

尤其重要的是，请记住企业成熟与企业根本无关，而只与你的生活方式有关。真正了解你企业成熟的唯一方法是，看你是否因拥有它而得到想要的方式生活。企业的规模和它赚了多少钱并不重要，重要的是你目前的生活方式。

赚钱并非强有力的愿景

为了打造一个为你提供你想要的生活的企业，你需要一个激发你动力的愿景。你猜猜是什么呢？赚钱并非有力的愿景。我认识许多厌倦赚钱的人，也包括我自己在内。

埃迪·德雷斯彻告诉我他有这样一个客户，"在赚了 15 万美元之后，到赚 50 万美元时并没有让我感觉有丝毫更多的快乐"。有些人可能在数字上有出入，但你能得出一点——金钱从来不会让生活更有意义。

我们能用它做什么呢？

在成立"奇思妙想集团"（Crankset Group）之前，我有六位数的不菲收入已经数年了。几年前的一天，我的妻子黛安娜走过来对我说："我不知道你是怎样保持前进的。我不能再做这项工作了，我不是干这种事的人。"她这是精神委靡、缺乏动力和只赚钱而感觉无意义的反应。

她帮助我认识到，我没有将赚钱与我用这些钱能怎样营造成功的生活及对我自己（更不用说其他人）有何意义联系起来。仿佛赚钱只是一个目标，仅是赚钱而已，除了可以买一些表面光鲜的物品之外，它对我的其他生活没有带来任何影响。

但是，我凭直觉知道，在工作、劳动成果和我如何利用工作去创造成功的生活及带来生命的意义之间存在着深刻的联系。正是这个转折点让我开始创立"奇思妙想集团"。我现在收入丰厚，但除了赚钱之外，还有更好的动机。我起床更早了，有更多的目标了。

一个成功的创业者最终会弄清楚这个。赚钱不是一个强有力的愿景；陷入自己雇用自己的生活方式也不是强有力的愿景。如果你想要成功，你需要弄清楚如何打造一个时时在为你赚钱的企业，无论你在度假还是设法去赚钱的时候。成功的创业者会双管齐下，你记得之前提过的吗？他们因此能到达第五阶段及以上。

第五阶段：成功！

正如我们所看到的，在第一阶段你只是得到了一份工作。第五阶段是经营企业的全新方式的开端，你不再是企业的人质，企业开始为你服务了。

你第一次看到拥有一家企业的曙光，企业并不束缚你，你去度假回来也不必面对一团糟，你不在场时企业仍然在为你赚钱。你摆脱了生产者的角色，让别人成了生产者，第一次你抽身出来从事管理，而不是自己从事生产。

你现在摆脱了乏味的赚钱游戏，但企业生产仍然非常需要你，你与生产之间的关系仍太过密切，你也不能完全地放松。第五阶段并非无忧无虑的阶段，但这可以说是附近的一处宾馆。相比第四阶段（你在那里消耗了大量燃料），第五阶段就像地球运行一样畅通无阻。那么，让我们在第五阶段更深入地发展吧。

心态大转变

我不能过分强调这种概念——它是整个问题的核心：为从第四阶段发展到第五阶段，你必须将你关注赚钱的重心转向打造一个赚钱的企业。这种心态转变会帮助你停止关注"急迫事"（赚钱），而让你在赚钱的同时更多地关注"重要事"（打造一个企业）。

这个重要的转变就是——创业者必须认识到，一个可持续发展的企业很少是建立在创业者生产的基础上的。企业可以建立在创业者的聪明才智上，或其远见卓识上，但如果创业者只是产品制造者，且没有采取双管齐下的措施，那么这个企业会停留在第四阶段。创业者必须学会不将所有时间都花在赚钱支付本月账单这件事上，而是要弄清楚如何让企业去为自己赚钱。

绝大多数创业者从未弄清楚这一点。他们一门心思赚钱来支付当月账单。因为"费时间"考虑未来的事不会给当月带来任何收入，因此这不在考虑之列。这正是大多数企业从未成长的最大原因：创业者从未考虑打造一个成熟的企业，他们只是想着赚钱。

从生产到制定流程图

你可以回顾一下，在第一和第二阶段，创业者的活动都是围绕着销售。在第三和第四阶段，则是技术或生产占据了他的时间。为从第四阶段（稳定）发展到第五阶段（成功），创业者的思想从生产转变为制定流程图，从技术工变为将自己的技术教给别人，使之像自己一样地开展工作。

在第五阶段，创业者将脑海中的生产流程变成文字，然后教给其他人如何进行生产。员工知道做什么、什么时候做，他们每天来工作时非常清楚自己在整个流程中的位置。然而，要顺利完成这件事并不容易，本来只需几个月的事情，但大多数企业拖了好几年才完成。

在第五阶段，创业者将脑海中的生产程序变成文字，然后教给其他人如何进行生产。这叫做制定流程图。

"这叫做制定流程图。"你别烦我说这个。我已经与几百家企业一起这样做了，当他们明白这是多么简单，对他们的企业会产生多大影响时，他们疑惑商学院为什么没有教这个。

制定流程图与整合岗位说明书和员工得不到的培训手册是完全不同的。制定流程图是帮助每个人了解下面两点的实用方法：（1）他们要做的是什么，更重要的是（2）他们如何融入面向客户这一整个过程中。

制定流程图帮助每个员工清楚地知道——他们不只是有一份工作，而是整个流程中的一分子。制定流程图帮助每个员工明白——他们都有客户，无论是内部的还是外部的。

结果，他们不再问"我完成我的工作了吗"这个问题（一个破坏性非常大的问题），而是开始问："我的客户满意吗？他们明天还想与我合作吗？"我们会在第八章中更详细地谈制定流程图的巨大影响。

我已经到达目的地了，是吗？

一些创业者到这时会说："我有一个第五阶段的成功企业了，因为企业中其他人在担当生产者的角色。"不过，并不是如此检测企业是否成功的。我见过许多第四阶段的企业中也有其他人在担当生产者的角色。请记住，你必须以你的生活方式来衡量你企业的成功，而不是拿企业本身。

要拿你度假时企业的情况来检测，或者更重要的是看你度假回来时企业的情况。你能连续离开几个星期而企业不发生混乱吗？如果不能，那么你仍属于处在第四阶段的企业，只是表面上看似第五阶段而已。从赚钱的角度来看是稳定的，但从给创业者创造财富（自由）的角度看是不成功的。请记住，我们不以企业表面的样子来衡量其成熟度，而是以创业者的生活方式是怎样的来衡量。

在一个处于第五阶段的企业里，主人获得了他们在创业之初设想的收入。他们可能仍然太忙于工作，这具体取决于他们想要的理想生活，但他们现在有了有目的的个人时间。虽然他们也常常疲惫不堪地回家，但他们也有周末不再只为恢复和疗养而在健身房里了。很多周末已经成了他们与家人及好友享受其劳动成果的时光。如果某个星期二下午的天气很适合打高尔夫球，他们不必再站在镜子前向"创业者"请假——这个下午他们不在，企业丝毫不受影响。

许多创业者满足于到达第五阶段，我也不能责备他们今后的职业生活就停留在这一阶段。这也不错，但这个阶段的企业会有一些问题。尽管他们的收入水平可能较高，而且生活得比普通人更好，但大多数第五阶段的企业仍然念念不忘这样的想法："我的企业太依赖我了。"创业者常深入日常工作中，并且是决定所有大小事情的人。

创业者可能摆脱乏味的赚钱游戏，但他们已成了被美化的上司。其他人没有运用自己的智慧，至少没有谁在工作中用了脑子。他们都只是机械地工作，并且太多突然发生的事情需要创业者立即直接作出反应。

你现在是一个创业者

即便有这些意想不到的困难，第五阶段还是欢迎你作为一个不再受缚于企业的实在的创业者。企业也开始带来财富——你有支配自己时间的自由和能力。我不能责备一个想要停留于此的创业者，但是如果他有兴趣继续前进，那么下一阶段还会有更多的自由。第六阶段是真正开始有趣的阶段。

第六阶段：有意义（或假成熟）

在第六阶段，企业正蓬勃发展，创业者现在可以自由地将时间投入让企业真正强大的事情上，企业也开始对社区和周围世界产生真正的影响。企业开始参与慈善事业，员工也参与社区生活，创业者在考虑自身及其企业将留下的遗产——"我会留下什么呢？别人将会怎样评价我？"

第五阶段的成功和第六阶段的有意义在战略上的最大区别是创业者不再监督生产，而是有某种适当的管理方式。

这是有趣的事情——这也是我们为什么从一开始就打造我们的企业的原因。我们现在又重拾最初创业时的激情。除销售产品之外，几乎每个创业者都乐意有时间和金钱（财富）去考虑如何影响周围世界。第六阶段的重要意义就在于此。

在第六阶段，经营企业的心情是："其他人最终各司其职了，他们管理企业。我自由了！"请记住我们对财富的定义——支配自己时间的自由和能力。我们在真正地体验财富。钱越多实际上会带来更多的时间。这是对你的企业从第一阶段发展到第六阶段的奖赏，你应该祝贺你的成功。

这就是为什么我已经准备在 2011 年 2 月 18 日上午 8 点 30 分开庆功会。那时是我创业三年零 11 个月两个星期 22 个半小时。到那时，我计划企业从第六阶段转向第七阶段。我仍会参与企业的发展和经营，因此，企业还不是纯粹的第七阶段的可移交企业。我不愿在那之后就离开我的企业，只是想在我珍爱的企业里做一些事情。到那时候，肯定会庆祝企业在四年内实现了从第一阶段的开办到第七阶段的移交。

第五阶段的成功和第六阶段的有意义之间的最大的战略区别是创业者不再监督生产，但会有某种形式的管理（即使是生产者之一）——当创业者不在场时可以在某种程度上代表他们看管企业和经营。如果你没有或不想要员工，那么当你不在场时，你需要为企业寻找其他方法来赚钱（我们会在本书的后面章节读到）。雇用员工不是打造一个成熟企业的唯一途径。

第二个最危险的阶段

"管理得当"是第六阶段的运营说辞，我们了解这是非常重要的。"管理得当"并非"管理负责"。如果认为我们管理得当，认为我们现在能够直接去高尔夫球场并且不必那样警惕竞争对手了，那么第六阶段是非常危险的阶段。杰里·霍奇金的故事可能会让你稍微提高一点警惕。

杰里花费多年打造一家非常成功的直邮公司。他一步步经历了企业发展的所有阶段，历经早年的兴奋、艰辛和不快，最终将企业带入有意义的第六阶段。杰里的公司最终管理有序了，他也在享受新得到的自由。他喜欢赛车，决定全身心投入赛车来奖赏自己。他定期到公司报到，但已经全身心投入赛事了。在他公司进入第六阶段后不到一年，他就不得不将公司关门了。

杰里原本获得了成功，并且得知"管理得当"并非与"管理负责"相差无几。

经过几年的苦心经营之后，的确很想舒适地坐在管理者的位置上或去最近的高尔夫球场打球。但是，请不要那样做。你对企业所做的事情很容易让你的企业轰然倒塌。

在这一阶段，创业者要为企业做两件事：愿景规划和指导。我们想跳过指导部分而直奔个人爱好。结果，我支付可观的薪水给这位经理，期望他能胜任。但是，他们毕竟不是你，因此你还得将他们变成你。职业枪手是一回事，热情对待客户和员工、忠诚地为你的企业献身的领导人又完全是另一回事。他们必须从你那里理解这些，并谙熟于心。

太快就去高尔夫球场带来的一个问题是，你安排的经理（他还没有真正地负起责）会定期汇报一切进展顺利。杰里定期回公司查看，以确保公司运转良好，而他的经理也常常提供一些非常乐观的报表，并说一些公司运营方面的大好事。他会说别的不好的吗？难道会说"我很害怕，我不知道我在做什么，一些大客户都疯了，而我不知道如何应付他们"吗？不会的，你的经理知道你雇用他，希望他能胜任，因此他们会尽可能地假装能够胜任。

那么，你现在要做的是培训经理，并向他们灌输"负责"的自豪感，通过日常工作指导他们，直到公司的文化成了他们的一部分。他们会有很多东西要学——你作为创业者得花几年时间去让他们都弄清楚；因此，不要指望你的经理会在眨眼间就掌握了。

太快去高尔夫球场，你可能会失去你曾经为之奋斗的一切。的确是你太快想抽身而导致公司倒闭，而你却要指责经理。坚持一会儿，确保你全面稳妥地移交了企业管理，而你会拥有某种特别的东西——一个别人想要购买而你永不想卖掉的企业。

第七阶段：移交

管理负责

你最终成功了！你从第六阶段的"管理得当"到了"管理负责"，从最初的愿景和指导到只提供愿景规划。经理具备管理手段，只要你清楚地表明你要去哪儿，他就能够为你领航。

第七阶段移交的心情是实现梦想的意义、成就感和满足感日益强烈。沃伦·巴菲特获得了第七阶段移交的企业，并告诉管理层——他不想时常听取汇报，而且如果是这样，那就麻烦了；这也是你直接管理的范围。

在第七阶段，创业者有多个选择：他们可以继续做首席执行官或是当退休的总裁，享受数年辛勤工作的果实，继续为企业提供远景规划，并自由支配时间和行动（换个词就是"财富"）。他们能决定出售企业，或移交给下一代，或者利用自己的企业开始收购其他企业。

如果你的企业现在处于第二到第四阶段，或是第五阶段，你可能会对自己说："不会有那么好吧？"你没有信心企业真的会如你所愿。

在此我又要说："我想不出你有什么原因不能走到今天，除了一个——你根本没打算。这不是一个有天赋的人玩的游戏，而是一个有意志的人玩的游戏。提对了问题，你也就能弄清答案。"

正确的问题是："我如何打造一个成熟企业，我想在什么时候实现它？"这不在于建立一个拥有数十名员工、价值数百万美元的企业，而在于为你及你的家人创造想要的生活方式。你可以用任意规模的企业来实现它。你甚至不需要员工也能实现它。后面将作更详细的阐述。

可保留或出售的企业

打造一个成熟企业并不在于你最终是否卖掉它（虽然你也可以这样做），而是在于让这个企业为你服务，为你创造你想要的生活；在于打造一个有意义的平台，让你服务你的社区，让你自由地去旅行、打高尔夫球、做志愿者或者做需要花时间和金钱的任何其他事情；在于创造自由和选择。

如果出售你的成熟企业会比保留它带给你更多的自由，那么当然可以卖掉它。我与许多创业者合作过，他们开始说："我们努力让它赢利，然后我好卖掉它，完成这桩事。"但是，等到他们实现盈利时，我向他们提及以前说过的话，多次得到的反应是"你疯了吗？我现在感觉多么有意思！"我理解他们在第二到第四阶段的艰难时候想出售企业作个了结的愿望，但是，一旦企业到达第五阶段或者更高阶段的时候，你的感觉可能就完全不同了。

风险及为什么是值得冒险的

现在，你可能明白了企业七个阶段的难处是，它从一个阶段向下一阶段过渡时通常需要冒险投入时间或金钱，且常常两者兼有。从第一阶段攀爬到第三阶段是一段没有缝隙的长峭壁。你在此期间几乎都处于求生存的第二阶段，你要么继续爬，要么顺着绳索下来。

经历了那些难以置信的艰苦攀登之后，到了维持的第三阶段，如有可能，我们会停留在那儿——我们冒了很大的风险。但不幸的是，这时候还不足以歇息，因此我们得作出选择：退出企业去寻找一份工作；或者保留企业，看看我们能否达到稳定的发展状态。

一旦最终到达第四阶段的稳定状态，我们会失去一些东西。我们在赚钱，在有些情况下，赚的钱还很多，而冒险去实现第五阶段的成功似乎令人畏缩。即使那十分绝望的声音在低声说"都是这样的吧？"但我们对有可能失去的东西忧心忡忡，并得出这样的结论——"已知的痛苦好于未知的痛苦"。

因此，我们在第四阶段一待就是 30 年，直到最后凭企业的资产和客户名单卖掉它。

我们没有认识到在每个新阶段的风险往往较小，持续时间也较短，如果我们继续前进，我们就会强大起来，且能应对风险。

为什么第四阶段比第五阶段至第七阶段更具风险

第四阶段是海市蜃楼。正如我们所看到的，仿佛企业充其量只是一份薪水不错的工作。创业者一门心思赚钱，让企业在第四、第三和第二阶段之间打转。有些月份或者年头不错，但外界的影响使得企业退回到第三阶段，甚至第二阶段。在开始重复循环之前，创业者不得不长期艰辛地"跋涉"，以恢复营利能力。

当我在弗吉尼亚里士满的研讨会上向一个创业者讲解第七阶段时，他立即认同这种循环，并认识到如果他们想要向第五阶段发展，那么第四阶段的风险要比第五阶段的更高。

这里有一道数学题。假设你的企业在第四阶段，年收入 20 万美元，由于你是主要生产者，你拿回家 12 万美元。由于经济环境变差，你损失了一半的收入。现在，你的企业年收入 10 万美元，而你拿 6 万美元——你的收入遭受重创。

现在，假设你的企业在第五阶段，其他人在为你生产，因此，你的企业能够得到两倍的收入，或者说年收入 40 万美元。但你仍然只拿 12 万美元，因为你还得支付你的生产者的工资。由于经济环境变差，你被迫裁员，你得亲自接手一些工作。企业收入退回到 20 万美元，可能你只能拿 11 万美元。这对你的生活是个打击，但并不太严重。

你越是摆脱生产者的角色并让别人成为生产者，当总收入下降时，你个人遭受的损失就越少。在拥有数十名员工的较大的公司，创业者的收入根本不受经济下降的影响。停留在第四阶段，你不会安全，而当你在你与生产之间创造一些空间，你就会安全。如果你是生产者，那么这比让别人为你生产要承担更大的风险。

如何应对风险

应对风险其实简单，只要清晰认识到——你要达到什么目的地，它是什么样子，期望什么时候实现它，并确定那个地方有足够的动力让你努力达到终点线。

你知道你的企业成熟时会是怎样的吗？你知道什么时候实现企业成熟吗？我们大多数人从未想过这些事情，但是，如果你想过，那么这会是你做过的最有动机的事情。由于你非常注意面临的事情，因此每个阶段看似都会变短，风险也会降低。当你关注重要事时，急迫事这一暴君就会高声大叫了。

解决乒乓球问题：打造成熟企业的基础

想想仅用你的 10 个手指头如何将 11 个乒乓球按在水下。你永远也无法做到，因为每次你将最后一个按入水中时，另一个就浮上水面了。

这里有一个问题（也很简单）：我们用 10 个手指头忙于控制那 11 个球，以至于无暇去想如何控制数百个球的问题（重要事情）。由于我们太过关注控制眼前这 11 个球，因此永远也不可能去解决数百个球的问题。

我这里有个解决办法（它也很简单）：只要放几个"急迫的"乒乓球走，同时打造一个无须动用你自己一个指头却能控制数千个球的企业。

正如我们先前看到的，关键是双管齐下——同时关注急迫事和重要事，利用每个可能的机会支付你每月的账单，打造一个在你度假时仍在赚钱的企业。

双管齐下的机制

有三个因素可以防止我们焦虑，防止我们受"急迫事"的控制，那就是——一个"核心目标"和两个"创业者"。

"核心目标"

请记住，赚钱不是一个动力十足的愿景，当赚钱艰难的时候，它不会让你积极起床。但是，如果有一个能支配一切的强有力的理由去打造一个企业，这会帮助你渡过难关的。是什么理由能足够强有力地让你渡过难关呢？

那就是人生目标！

你能通过企业实现的人生目标是什么？清晰地勾勒一下你想要的生活，你会有一个更大的理由去创业，而不只是赚钱。如果你没有这个"核心目标"，你也可能赚到更多的钱，并让企业成熟。我们将在第五章详细地讲这个"核心目标"。

1号"老板"——战略规划书

正如我们所看到的，如果你没有让其他人帮你渡过企业的各个阶段，那么你不会实现企业的成熟。因此，我们引入两位"老板"。

第一位"老板"是战略规划书。这并非商业计划书——那是你向银行贷款时给银行看的，之后就束之高阁了。我讲得非常简单，12个月逐步发展的战略规划，你依此管理企业的每个战略和战术行动。我的战略规划书只有两页。

一份战略规划书有四个简单的组成部分：

1. 企业愿景（"核心目标"/价值观）；

2. 使命（你前进的命令、你给客户的结果）；

3. 一至三年的战略（你如何赚钱）；

4. 12个月可衡量的目标（如何在赚钱上衡量成功），这会让你每月采取行动去打造一个在你度假时仍在为你赚钱的企业。

一份战略规划书可让你企业的运行自动保持赚钱与打造成熟企业之间的平衡。我们将在第六章中更详细地讨论这个问题。

2号"老板"——外部监督人员

战略规划书可让你的企业运行顺畅，但你还需要企业外的人来帮助你获得或保持清晰的方向。我的企业是我的婴儿——我自己的看法常常很偏颇。其他人的看法会更客观，他们能够看到我不曾看到的事情。安排一个同行顾问，或者更好的是一个全面的同行顾问组，然后每月碰面一次。经常与支持你及支持你计划的人聚会。我们将在第九章和第十章中详细讨论这个问题。

"核心目标"和"两个老板"让我们朝着打造一个在你度假时仍在赚钱的企业发展。

在你的企业中运用你的人生目标、战略规划书和外部监督人员，以鼓励你在重要事情上花时间。如果你让这两位老板激励你去打造一个赚钱的企业，那么你更可能打造一个赚大钱的企业，并且可能实现你的人生目标。

但是，在我们顺利解决"核心目标"和"两个老板"的问题之前，我们还有一件事情要讨论——那就是决定你的企业何时成熟。这个简单的决定会从根本上改变你的企业和你的生活方式。系上你的安全带！

企业的七个发展阶段就像爬一座想象中的山

想象你和一群朋友出去爬山，你们最初选定的大多数路线会是陡峭的，而实际上这座山并不像你爬的那样陡。事实上，你们能够往上爬的。但是，其中的乐趣在哪儿呢？那是一座大山，且要花几天时间去爬你们选择的陡峭路线。山顶是豪华的住处、一年开放几个月的高尔夫球场和温泉浴场。你们计划了到达山顶的路线，并且准备好了所需的装备。你们知道会有各种凸出的岩石，还有在你们回到峭壁之前可休息的小平地。

当你们开始攀爬时，最初离开地面的感觉是极其兴奋的。"多么有意思啊！"你们计划多时的旅途正式开始了。这就像企业的第一阶段一样。离开地面后不久，你们汗流浃背，手要紧紧抓住岩石，脚要在峭壁上支撑着你的身体，这时兴奋劲儿消失了。此时实际的心情变为"我没想到会这么难啊"。这就是你们在求生存的第二阶段。

峭壁的第一部分是最长的，而你们处在求生存的状态持续非常短。你们通常想到的是顺绳索下去，并且这么做。峭壁看似没有尽头。你们看不到一块上面的凸出岩石，然后开始怀疑自己能否到达目的地。当最终看到正前方的凸出岩石时，你们正准备放弃而顺着绳索下去。你们到达狭窄的平地，感觉像是刚中了大彩。你们各自支起帐篷，全都筋疲力尽了。这是第三阶段的稳定。

到了第二天早上，这平地看起来更像一条沟渠，你们不知道曾看到里面有什么。你们有一个选择。你们可以顺着绳索下去，或者到达下一处峭壁，到下一处平地。问题是第一处峭壁太高，你们原来精神饱满地攀爬，结果发现要到达下一处峭壁非常难。即使你们知道后面的每一段峭壁都比第一段距离短，危险性也降低了，但是实在难以继续攀爬了。第三阶段的沟渠很显然不是你可以生活的地方，即使有一些同行者决定顺着绳索下去，你仍然勉强抓住绳索往上爬。

攀爬过程漫长而艰辛，但完全不同于爬第一段峭壁，而且当到达第二处平地时你有惊喜的发现：那里有潺潺流水，灌木上果实累累，还有为那些从轻松的路线爬上山的旅行者建造的小木屋。这到了稳定的第四阶段。你可以在这里停留几天，甚至在此结束行程，并从旁边小道走上直路。到达这里的大多数人都这样做，这使得这里更加吸引人——其他所有人似乎都在这里解脱了，仿佛这是正常的，而不只是普通的事情。几乎开始这次旅程的所有人都在这里解脱了。

但是，到第二天早上，你们决定继续前进，要进一步攀登峭壁。这段路程不像其他的那样长和难爬了，并且当你们爬得越远，它就越来越轻松了，一直到你们最后走上山顶。这就是第六阶段。大约拐几处弯，接着就是有宾馆、高尔夫球场和温泉浴场的平地了。你们到达宾馆，怀着极大的成就感马上开始享受所有的劳动成果，感觉到此行非常有意义。这是第七阶段。你有非凡的经历可讲了，你也想知道那些停留在半路上的其他攀登者的情况怎样。

第二部分

目标清晰　关注重要事情

4.3 至 5 年俱乐部：有企业成熟的时针在你脑海中滴答响吗

成功的秘诀就是开始行动。

——马克·吐温

回顾一下企业成熟的两个基本条件：

1. 创业者不再是生产者。

2. 创业者外出度假时，企业仍在赚钱。你的企业正在摆脱时间和金钱的束缚。除此之外，成熟企业可以多种多样，具体取决于创业者对未来发展的期望。

你可以决定要发展一家处于第六阶段有意义的企业，像我一样，并且坚持管理工作，同时为企业发展导航。你也可以发展到第七阶段，并成为企业的神话——创业者偶尔到办公大楼转转，他成为慈善事业的发起人，并与管理层开会讨论未来发展及保持清晰的发展愿景。菲尔德斯夫人和查尔斯·布瓦希已经成了他们公司的神话。如果你想成为神话，你也可以。

我要再说，这与发展一个大企业无关，也肯定无关乎发展一个企业只是为了卖掉它；而只关乎发展一个你可以享受的企业。如果你想享受成为公司的神话，那么将企业发展到第七阶段；如果你想一直参与其中，那么第六阶段是个可以运行 30 年的大好阶段。

这就是有关成熟企业的大事。你开始设计你未来的生活方式，然后利用你的公司实现它。你想要一所湖边的大房子吗？想要某项由你掌控的公益事业吗？想要展示你爬上最高的 100 座山的各种画面吗？如果你经常采取下面三个简单的步骤，上面这些目标你全都能实现。

改变生活的三步

我认为最深刻的事情往往是最简单的，这三步再一次证实了这一点。决心越大，这三件事改变你就越多：

1. 决定某些事情。
2. 选定日期。
3. 公开。

下定决心很好。但是，我们通常并没有下定决心，我们只是声称我们下了决心。因此，第一步本身只是我们假装要前进时的一种妄想。

如果我们选定完成任务或者实现目标的日期，那么就已经开始了一些令人兴奋的行动，而这可能让我们成功。但是，即使这样，我们也可以经常改变既定的日期——不是什么了不起的事情。

在实施第三步的"公开"时，我们就发生变化了。当我们定下某个日期并邀请其他人来一起庆祝，或者在简报上公布并承诺要做某件事时，我们就完全置身于这种努力中了。"公开"就像上了在燃烧的桥——没有退路。有时做到公开很难，但是从公开你的决定和日期中产生的焦点和能量是其他方式无法实现的。

霍索恩在20世纪初就研究过生产效率，发现当我们通过一些事情来评测时，生产效率提高了；而当我们评测并公布结果时，生产效率会以指数方式提高。你可能会相信这一点，因为没有承诺的时间表的话，每星期和每月的销售报表及其他短期评估数据仍然会让你的最大目标——企业成熟——完全处于碰运气的状态。

企业中第二个最重要的问题

正如我们所知的，企业中最重要的问题是"我的企业成熟时是什么样子"，第二重要的问题是"什么时候"，而这个问题是最少被问及的问题之一。

我的朋友珍妮·塞缪尔森拥有一家培训公司，她告诉了我她是怎么开始创业的。她有完整的计划书、发展纲要和公司选址。她也建立了一个网络，但没有解决如何去获得客户的问题。然后，她参加了一个人力资源管理专职人员（她的目标市场）的会议，会议有125名人力资源管理人员出席。

主持人开始问大家是否有什么研讨活动、研讨会或者其他活动要宣布，如果有的话，他们是否想在与会者中传递一份合同意向表。珍妮此时没有任何准备，但意识到这是在她的目标市场接触125个人的最佳机会，她拿出一个黄色的便笺本，拟了个活动标题，写上了日期，然后在人群中传递。

有一个人签名了。珍妮在三个方面感到失望：

1. "喔，不！只有一个人签！"

2. 现在她在做一件她没有计划的事情，而且没有准备好执行。

3. 她很可能在这次活动上遭受经济损失。

虽然这个活动才过去四个星期，但珍妮努力工作以免尴尬，且在只有一个人的情况下又成功地吸引了18个人力资源管理专业人员。这是较大的成功。她的企业经过毫无起色的几个月后，她取得了很大的成效，步入正轨了。这是为什么呢？

是因为她决定做一些事情，并且更重要的是，她为此设定了一个日期。因为别人知道了这一日期，并且都在盼她信守诺言，因此她不能推诿。她已经公开了。

当我们采取这简单的三步"决定做一些事情、为之设定日期并公开日期"之后，所发生的事情着实令人惊讶。你认识已经订婚几年而没实质改变的朋友吗？那是因为他们只打算订婚，而不是结婚。当一对夫妇真正决定（打算）结婚时，他们会定下某个日期，并且两人都将永远改变了。

在企业中，"什么时候？"本不应成为如此不平常的问题，但是，对于我们为什么要回避它已经是众所周知的事情了。它事实上让我们改变。而我们不喜欢改变，即使我们通过改变可以用更少的时间赚取更多的钱。因此，我们为了回避实际的后续行动，我们"作决定"时不许下诺言。

"只有设定了日期的决定才可称之为决定。"在此之前，我们只是在胡乱折腾。

因此，你已决定要打造一个成熟企业——可是你的企业成熟日是哪天呢？没有一个确定的日期，你的企业也不可能成熟。

3至5年俱乐部

为了用这三步帮助我们打造成熟的企业，我开设了一个新的"俱乐部"，它将由所有参与者拥有，也针对全世界每个城市的创业者，我称之为"3至5年俱乐部"。下面我们看看你如何成为会员吧。

1. 作一个决定。其中包括：A. 你将停止设法自己赚钱，而将致力于打造一个会赚钱的企业；B. 你会确定和描述一个成熟企业对你来说意味着什么（当你不在场指挥时，它也得赚钱）。

2. 选定一个日期。什么时候企业成熟——并不是你什么时候卖掉它，而是什么时候你会真正享受它带给你财富。设定为某天某时，而不只是某个日子（更多原因在本章后面阐述）。

3. 公开。你不采取这一步，你就不会永远地改变。

为什么命名"3至5年俱乐部"呢？我现在确信，企业在3—5年内从创业初期发展到如我所定义的基本成熟是正常的。这正常，但很不幸，这却不是普通的情形。

投资者几乎都想在3年甚至更短的时间内收回他们投入的钱，而5年则是一种较糟糕的情况了。各种证据都表明，在3—5年内企业发展成熟是正常的。我们都知道那个在35岁时就发展成熟并卖掉了四家企业的妇女，她现在正在发展她的第五家企业。像她那样的人并非独特的天才，而只是有目标、有意志力。

在最好和最坏的情况下，你可以2—7年内发展一个成熟企业，因此，我说3—5年并非疯狂，我相信3—5年不是一个高门槛，而是每个企业都能够做到的。由于阅读此内容的大多数创业者已经在经营企业，并且经历了一些发展阶段，因此这能缩短企业成熟期。

你不必在3—5年的范围内选定一个日期。你要做的是选定有点让人惊讶的某件事情。如果你设定为8年、10年或12年，我认为，这个期限不够紧张得让你每天迫切地想要发展企业。那么，雄心勃勃地慢慢行动，然后更快地完成任务。

有目的地遛狗

去年有一位妇女告诉我，她想要开办一家遛狗的公司。我问她计划什么时候赚取她的第一个百万元，她极其惊讶地看着我，仿佛我是怪物。她笑着说："哦，我在遛狗。"然后我向她提及一家大的遛狗公司年收入数百万，并且不到五年就达到这种状态了。

它们是如何做到的呢？它们只是有计划地去做了。创业者不想永远自己在遛狗，并且有打造一个在他们度假时仍在赚钱的企业的种种想法。他们得到了他们想要得到的。

你的企业成熟日与意向

意向便是一切。但是，这就意味着你必须事先弄清楚所有细节吗？不是的，而且恰恰相反。我猜想我要是回头看我自己做的一些企业投影图，我都会发笑，因为我曾经设想的有些事情事实上完全不是那么回事。我现在不关心它了，因为具体情况会随清晰的意向而产生。

意向意味着你致力于很少的事情上，而这些事情会让你走向成功，那就是——清晰和细节！如果你没有积极地对待这少量的事情，那么你是没有意向的，只是在胡乱折腾。

那么，你决定让企业发展到成熟，你得问自己什么问题呢？那就是——"什么时候？"事实上，你能从本书中得到的一个最重要的信息就是：选定企业的成熟日期。

选定企业成熟日

就是这么简单。在未来 3—5 年内某个有意义的时候，你不再是生产者时，这个企业可以在你不在场时仍能赚钱。这将永远改变你——你从企业的人质变为拥有充分自由（财富）的人。

专注于我选定的"企业成熟日"，这让我战胜了创业的恐惧，顺利经过大多数企业自己放弃的不景气的第四阶段。我没有时间为企业的任何阶段而闷闷不乐。我心中有一个使命，而且脑海中的时针在滴答作响——"你得在上午10点钟完成任务"。

怎样到达企业成熟日

2007年3月6日，我正式开创我的"企业领导人洞察力午餐会"研讨活动，当时有24人参加。3年零11个月2星期再加上22.5小时之后，我就建成了一个在我外出度假时仍在赚钱的企业。在此之前，我有大量工作要做，而且时针一直无情地在滴答作响。

如果你没去算那个日期，我告诉你，我计划是在2011年2月18日（星期五）上午10点钟就拥有了一个成熟企业。在那一天，我期望企业日常运营处于第六至第七阶段（参见第二章和第三章关于"企业的七个发展阶段"）。我知道到那天企业会赚多少钱，我可以拿多少钱回家。在那天之后，我会继续开发企业产品并关注产品交付。

为什么是那个星期五的上午10点钟呢？在那天早上8点半，我会召开一个员工大会，同时将企业移交给我的员工去经营，与他们喝香槟庆祝之后，我会在10点钟打点我的物品离开办公室。在那个星期五的傍晚6点10分，我与我的妻子在去往新西兰首都奥克兰的飞机上，去度她梦寐以求的假期。我们会在星期六的早上7点25分到达奥克兰，即将在那儿度过三个星期的快乐时光。此行将花费12380美元，其中包括机票、住宿、吃饭、短途路费、购物和小费等。

顺便说一句，在写本书时，我没有员工。这对我来说根本不要紧，因为只要我知道目标在哪儿和必须什么时候到达那儿，那么我就会作出计划。但是，为实现这个目标，我必须不断提醒自己——90%的答案就在于问对了问题。我相信我的问题正确——"到2011年2月18日上午10点钟，我如何打造一个成熟企业？"有了这个正确的问题指引，我会计划前行的细节和步骤。

你读完这些后是否有所改变？请设想对我的改变，也设想你作同样的承诺时对你的改变。这样做会永远改变你。

你脑海中滴答作响的企业成熟时钟

你知道是什么对我改变最大吗？那就是在我选定那个准确时间"上午 10 点钟"的时候。选定 2011 年不会改变我；选定星期二也不会改变我多少。选定 2 月 18 日这个具体日期对我有点影响，但当我选定那一天的时间时，就发生了非常有趣的事情——我脑海里有个时针开始滴答作响了。我刚刚明白了，如何让重要事变得像企业中的所有"急迫事"一样迫不及待地需要解决，那是在浪费时间。我现在有事情要做，因为我不得超过上午 10 点钟。

现在，很多时候早上醒来时我就在想："噢，糟糕，到 10 点就完了。我得在那早上 10 点就完成任务。那么在 10 点前我必须做的事情是什么呢？"这样，重要事情就又多了一层很强的紧迫感。

我也不能只是挑出 2 月 18 这个日子就算完事。我每月有相当多的定期计划，我常常为当月第二和第三个星期作好计划。这可让我在第一个星期和第四个星期灵活地安排两个星期（如果某个月有五个星期那就是其中三个星期）去做任何事情。2 月 17（星期二）是我为那个月制订最后一个月度计划的日子。

我料想我能在四年内打造一个成熟企业，也就是说到 2011 年 2 月。我这样计算着，看看到时候企业发展能否让我实现我理想的生活方式（见第五章）。我实际上能实现这个目标，为此我感到舒心。因此，综合各种因素，2 月 18 日成了最理想的日子。而上午 10 点钟，我在这个时间可以举办一个简短的庆功会，然后回家取行李，前往机场。

多年来我都对外公布这个日期，比如在朋友之间、在饭间谈话中、在研讨活动中、在我的博客中、在主题演讲中，以及在本书中。如果我没有全力以赴，那么我实现不了那个目标。如果我早几个月或晚几个月实现目标，我都会为我曾经为实现它所作出的努力而高兴，因为如果没有那个计划，我还得 20 年才能打造一个成熟企业。

关键的决定——明智地决策

我与你唠叨这些细节，其中有一个非常重要的原因，那就是不要毫无根据地随意挑选一个"企业成熟日"。这非常重要，比你要做的任何企业决定都重要。事实上，这是你要设定的最重要的企业目标。我与我的妻子黛安娜花了整整一个周末再加上随后数周的许多时间才决定我的企业成熟日期——2011 年 2 月 18 日（星期五）上午 10 点钟。

到时候我的企业会是什么样子，我的理想生活方式是什么样子，包括我会赚多少钱（详见第五章），以及企业会以什么产品或服务和收入状态来使之实现，对于这些，我都有清晰的勾勒。

正如你看到的，这不是一个无根据的随意决定。如果你认真对待这个决定，那么它会改变你的生活；否则，那只是你开创企业时另一种感觉良好的时刻，且是一个不愿成长的企业，一个被"急迫事"掌控的企业。

如何勾勒企业成熟的蓝图

企业成熟不以企业看起来的样子来界定，而是由它为你提供的生活方式来界定。

从你的企业得到理想的生活方式，你得采取如下五步：

1. 明确你的人生目标。你为什么这样做？目的是什么？请记住，赚钱不是一个有动力的愿景，尤其是在赚钱极其艰难的时期。我们会在第六章中弄清如何设定人生目标。

2. 计算出要建立理想的生活方式来实现那些人生目标所需的时间和金钱。你是继续工作还是将你的时间花在别的事情上？什么样的房子最好？你需要多少旅行费用？这一步会让你为难，并让你感到气馁，但在下一章中我们将讨论这个问题，并让你继续前进。

3. 决定你想在什么时候实现那种理想的生活方式。如果你不想为此设定一个日期，那么不必读下去了。选定了你实现理想生活方式的时间，与你选择打造一个成熟企业会产生直接关系。它们可能就是同一天。但是，如果没有确定什么时候实现你的理想生活方式，那么不必烦恼什么时候可打造一个成熟企业——它永远不会实现。我们也将在下一章讨论这个问题。

4. 一旦你了解了你的理想生活方式所需的成本，你就可以规划你的企业得产生多少收入，以让你有足够的薪水来实现你的理想，以及企业如何运转才能让你有足够的时间去实现你的理想生活方式。你的企业得为你创造时间和金钱，而不只是金钱。

在此有件重要的事情常让我感到惊讶，那就是往往在年初，创业者根本不以未来目标为基础，随意地为企业设定一个增长值。她会说："我猜想我的企业今年会有 20% 的增长。"仿佛是随意地玩一个无聊的游戏。这一点很重要，因为如果你知道你理想生活方式的成本，以及你什么时候能实现它，那么你就可以以这个时间为界线，分步实现目标，并且对企业今年必须增长多少有清晰的思路。

现在，"重要事"有了以前没有的"紧迫感"。

5. 制订一个非常简单的计划，列出你的企业如何为你创造你实现理想生活方式所需的时间和金钱。我日常只用一份两页纸的简单战略规划书来经营企业。我的大多数客户发现它对他们也很管用。我们将在本书后面讨论它。

连接各点

在接下来的几章里，我们将学会如何发现我们的人生目标（我们已经在为之努力了）、我们的理想生活方式，以及如何拟订一份战略规划书，从而利用我们的企业来实现我们的目标。

一旦你具备了企业建设的这些要素，那就只剩下一件事情要做了——选定企业成熟日，并充分说明你为什么选定那个日子。这日期要选得尽可能有意义。

这个日子不必出自一份烦琐的企业分析报告。它可以是你的生日或者企业成立五周年的日子。但得有一个很好的理由来说明你为什么选择某年某月某日某时。简·雷丁开设了一间医疗急救诊所，她选择了她已故父亲三年后的生日，因为她父亲是一位成功的创业者，她想以此来纪念他。

当你对实现目标的兴奋劲头消失后，你知道你还有一个非常好的蓝图。请记住，企业成熟日的目标不是弄清实现目标的过程，而只是简单地表明"目标"在哪儿。找到你的目标，拟订最初的几个步骤，然后开始你的旅程。

要是没有选定日期，会是怎样的呢？

最疯狂的落后逻辑是："我没有选定企业成熟日，因此我根本不会去尝试。"这是一种歪曲的想法，然而却非常普遍。

我不会为你提供十个充满动机的理由。与其他人共事的数年中，我发现这是创业者喜欢隐藏的地方之一。"只要我没有作决定，没有设定一个日期，也没有公开，我就不必为失败担心。"那么，猜猜这样会是什么结局呢？

一个人注定会走上他想逃避的那条失败之路！

我可以非常肯定地告诉你，如果你没有设定一个企业成熟日、没有公开且没有为实现它而努力，那么你会失败。设定了企业成熟日，我就有了更多的可能性去实现它，因为我会很有目的性地工作。不想失败吧？如果你不去尝试的话，你就已经失败了。

可怕的是"很可能"，而不是"可能"

如果我的企业在2011年2月18日上午10点没有成熟，我就失败了吗？不是的，如果我没有尝试，那么我会失去一次有惊人收获的旅程。如果我多花了半年或一年到达企业成熟日，那么我也是因为努力而实现了目标。如果我没有努力，那么我注定会处在95%的企业经历的枯燥无味的第四阶段。那肯定是失败，这才是可怕的东西。

可怕的是"很可能"，而不是"可能"。你可能不设定你的企业成熟日，但如果你不努力，你更加"很可能"失败。

正如约达在《帝国反击》中所说的："果断地行动或不行动。不存在尝试一说。"

公开

在你决定发展一个成熟企业，并且设定了一个企业成熟日期之后，不要忘记尽可能地公开这个日期。你要告诉每个人。像当地的"3 到 5 年俱乐部"建议的那样开始——我会为你提供一些东西来帮你。你可以将你的企业成熟日期贴在墙上，放在钱包里，放在汽车的仪表板上，或者作为电脑屏幕保护程序中的文字。寻找四五个会与你一起实施计划的疯狂创业者，每月与他们见面，设法互相促进。

这事关企业生死。请谨慎对待。

下一章会给你提供更明确的帮助，将你的愿景变成现实。

敢于成为正常的，而不是普通的。在当地开创一个"3 到 5 年俱乐部"，并成为从普通变为正常的变革领导者。请通过电子邮件（grow@CranksetGroup.com）或登录我们的网站（www.3to5club.com）进行联系。

5. 若想企业成长，千万别忽视员工

每个企业都应该给我们创造时间、金钱和带来意义。为什么仅仅要求企业只赚钱呢？

——查克·布莱克曼

所有私人企业都建立在四个基本要素之上。无论我们关注与否，这四个要素都是存在的。由于我们常身陷日常工作和忙于赚钱，因此我们大多数人无暇顾及这四个要素。

在接下来的三个章节中，我们会对此进行详细解析。不过，我们得先弄清楚接下来几章的阐述对发展一个在你度假时也能赚钱的企业为何那么重要。你冒险忽视本章中的事情，因为这些影响你经营企业的事情都被忽视了。在企业的发展过程中，这些事情是彼此联系的。生活或企业中没有任何事物是单独存在的——它们也都彼此关联。如果你不能有效地管控它们，你将会疑惑为什么总像企业牵着你的鼻子在走。

让我们来看看这四大要素之间的关系以及相互之间是如何影响的。

目标是什么？ 实现目标的成本是多少？	1. 人生目标与理想的生活方式
企业成熟日 战略规划书/实现目标所需的收入是多少？	2a 企业成熟日 2b 战略规划书（两页）
实施规划和产生收入的流程	3. 流程图及流程描述
企业的外部监督	4. 行业协会、行业咨询师/顾问

企业目标

企业的目标是为了获得和留住客户，同时还赢利。如果企业得到了客户却没有留住，那么你会破产。如果你有少数几个长期的客户，却不能发展更多的客户，那么你的企业仍将面临破产。如果你确实精于获得和留住客户之道，但却不能确保企业赢利，那么企业仍将走向破产。因此，我们必须同时做到"获得、保留和赢利"，缺一不可。企业中我能想到的所有事情都包含在这三件事中。但是，正如我们所知，这并不是全部。

第一要素——人生目标

拥有企业这一目标完全不同于企业本身的目标。企业为创业者创造一种他想为自己、亲人及其员工创造的生活方式，这很简单。这只关乎一种生活方式和产生的意义，而与获得或留住客户无关。企业在乎获得、保留和赢利，而我们关注的是在此之外创造的生活方式，及对周围世界产生的影响。

我所认识的每个自己创业或收购企业的人都至少有潜意识的目标，那就是为他们自己创造一种比之为别人工作时更好的生活方式。我所认识的创业者开始时谁也不会这样想："嗯，这会让我所得的时间、金钱、精力或自由不及以前工作所得，不过我的确乐于这样做。"没有谁会这样想的，我们都希望所花的时间比过去少，却赚到更多的金钱，从而让我们有更多的钱和时间来享受生活，同时对我们周围的世界有更大的影响。

人生目标处在金字塔的顶端，因为人生目标是创业者应有的个人目标，且远远大于其企业的任何目标。由于我有人生目标，因此都不必再有什么企业目标了。你会在"人生目标"这一篇章弄清楚其中的原委。我们应该利用企业这个平台来实现我们的人生目标。下列这些问题可以帮助你弄清楚建立企业的原因。

- 我想要什么样的理想生活方式？
- 我为什么要那样生活？
- 我要为这个世界做点什么？为什么？
- 需要多少费用满足这种生活方式和贡献呢？

只有当我们清晰地回答这些问题，我们才能从真正的意义上建立起一个企业。但大多数创业者除了说他们必须赚钱之外，从来没有认真思考他们为什么建立企业；而现在我们明白，他们这样做是在扼杀企业成长的能力。

我们必须清楚我们为什么要这么做和我们要做什么。没有清晰的人生目标，或我所说的"核心目标"，我们就没有最强烈的动机去建设一个企业。当我们不赚钱时，我们就不愿起床；这一点也不奇怪，因为我们所关注的就只是——赚钱。而核心目标无论何时都会让我们起床，因为我们在追求比当前的得失更为重要的东西。然而，具讽刺意味的是，由于有核心目标，我们会赚更多的钱。

在第六章，我们将阐述核心目标和学习怎样创建一个在你度假时也能赚钱的企业。

第二要素——战略规划书

我不喜欢商业计划书。因为在得到贷款后，没有人会关注它。然而，你应该有一份只有两页纸的简要战略规划书来经营企业。我们将在第七章学习怎样制定有效的企业战略规划书。

如果没有清晰的核心目标，则无从制定战略规划，因为你无法回答有关战略规划的问题。"战略规划的目的是什么？"如果你不知道要企业给你带来什么，那么你如何在这个世界前进呢？一旦你知道你的核心目标和实现核心目标的成本，那么你就能直接提出问题："为实现自己想要的生活方式和想要为世界作出贡献，企业必须赚多少钱和创造多少时间？"

一旦清楚你得有多少个人收入，那么就可以计算出企业应该创造多少利润。这是制定战略规划书的开端——我要多少个人收入和什么时候实现？我们将在第七章中阐述这种两页纸的战略规划书。

顺便说一下，制定战略规划书面临的两个最大障碍就是弄清你的核心目标和选取企业成熟日。如果你已理解了第二章，你便完成了一半。

第三要素——流程图

企业流程图是拥有核心目标、清楚理想的生活方式所需成本和制定实现目标的简单战略规划书的战术结果。它是确保实施战略规划和实现收入的工具。

我们应该明白流程的设置理念（或者描述）比流程图本身更重要，但只要你知道设置流程是为了从根本上改变企业经营理念，那就足够了。

琼·舒尔特在芝加哥拥有 6 栋商业楼。我告诉她，她将会厌倦这种管理方式，我有偿地教给她一些简单、直观和基础的经营理念。一看到流程图，她就说："为什么在 15 年前我没有这样做呢？"一旦你有了这种理念，你就会意识到流程图是决定企业成败的关键要素。本书所讲的流程是最简单、最实用的。

流程图是协助企业摆脱枯燥工作，并最终从第二阶段的求生存、第三阶段的维持和第四阶段的稳定发展到第五阶段的成功过程中的关键战术。在第八章中，你将学习到如何制作推动企业从稳定发展到成熟，甚至更高阶段所需的流程图。

在帮助你摆脱枯燥工作的方法上，没有什么比流程图更快更好、更清楚更具希望的了。我知道，这比较难以理解，但这是帮助企业在最短的时间赚更多钱的最正确的方法。

第四要素——外部监督

虽然经营企业需要客观的知识，但仍然会带有个人主观色彩。人无完人，每个人都有盲点，都需要帮助。我们努力推动企业从一个阶段发展到另外一个阶段。我们赋予了企业太多的含义（这是别人无法理解的）。企业就像我们的孩子——我们认为我的孩子是世界上最漂亮的，我总是最爱他们。这是自然的事情。我的企业也是我的孩子，我可能没有意识到，在管理企业的过程当中，我是多么情绪化和主观行事。

为了平衡这些，创业者极其需要外部监督。这在我的"策划"小组上年的一个案例中就有最深刻的体会。我们当时竭尽所能帮助杰里扫除从第四阶段发展到第五阶段的所有障碍。另七个创业者之一的亚历克斯有敏锐的洞察力和实战经验可供杰里参照学习。

两小时后，轮到亚历克斯讲述其企业的时候，他概述了跟杰里几乎相同的问题。亚历克斯花了几分钟的时间谈了这些问题，我看到大家你看我、我看你，都微笑着想谁来首先发言。最后，杰里大声说："是不是只有亚历克斯和我出现过类似的问题？"亚历克斯停了下来，大家轮番讲起自己的故事，然后就像之前大家都保持微笑一样达成了共识。每个人都开怀大笑，亚历克斯说："杰里，你介意将我给你的那些好主意的摘要寄给我吗？我想我可能需要它们。"

这并不在于下一位创业者更聪明，只在于他拥有能客观指出我们盲点的外人。无论是企业顾问，还是像"策划"小组之类的顾问组，或其他施加外部影响力的公司，当我们得到类似的帮助，就可以使企业以我们靠自己达不到的快速度从一个阶段发展到另一个阶段。

强烈的个人主义者

由于某些原因，在我们的文化中，美国式的强烈个人主义神话在创业者中表现得最为淋漓尽致。当我们结婚后，我们有了家庭成员；当我们搬入别墅或者公寓的时候，我们会有左邻右舍；当我们有了像打高尔夫球这样的爱好时，我们会认识新朋友；但是当我们收购了某个公司的时候……这个，"一切顺利，那完全是你自己的事情"。从开业那天起，我们就期待一帆风顺。对于"生意如何？"的回答永远是"很好！"同时，我们也一直担心企业是否在朝危险的方向发展。

假如你从本书中有所收获，请聘请一些能给你指导和鼓励的外部监督人员。没有什么比这更有帮助的了。当然，你的孩子是很好，但你不想知道他是否还有你不清楚的内在毛病吗？那么，聘请外部人员来监督你的企业发展。

一起试试——我们要如何应对

仅仅阅读此书无法为你的企业提供外部看法。你必须去找到这一基本要素，并且将它运用于企业中。不过，在接下来的三个篇章中，了解另外三个基本要素的过程很简单：

1. 核心目标和理想生活的成本——我们必须清楚我们的核心目标，从而可知道我们的理想生活成本。

2. 企业收入目标——一旦我们清楚自己的核心目标以及实现目标的成本，我们就可以考虑企业需产生多少收入，以实现利润目标和满足我们的

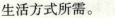
生活方式所需。

3. 战略规划——设定好企业收入目标后，我们就可以考虑企业怎样才能获得那样的收入。

4. 企业成熟日——旦我们知道维持我们理想的生活方式企业需要多少收入，并且知道如何去实现它，我们就可以设定明确的日期，以确保我们致力于打造一个在我们外出度假时仍在赚钱的企业。

5. 企业流程图——我们制作企业流程图以实施计划和产生收入。如果吃布丁证明了布丁的价值，那么企业流程图就是那个布丁。

首先处理最重要的事

在接下来的三个篇章开始分析企业的基本要素之前，我们必须了解企业的七要素。就企业的基本要素来说，无论我们关注与否，它们也都存在。我们对七要素的关注度将决定我们能否打造一个成熟的企业。我们也可以运用七要素来制定战略规划和企业流程图。因此，掌握七要素是至关重要的。

企业的七要素

企业的四个基本要素——人生目标、战略规划书、流程图和外部监督，在很大程度上受到了企业七要素的影响。这些要素是确保企业管理和前进过程中万无一失的参照物。

为确保成功，所有企业必须关注这七要素。通常我们大多数人只做好了七个中的几个，而不知不觉地忽视了其他三四个。小型企业由于都是依赖个人的力量，并且没有认识到七要素的重要性，因而特别容易出现上述情况：在企业解决和管理好所有这七要素且为企业所用之前，企业别指望摆脱求生存的模式。一个成功的企业会有合适的员工和恰当的制度围绕七要素工作。

所有成功的企业都会如此。

请记住企业的目标：为了获得和留住客户，同时还赢利。所有七个要素都帮助我们实现这个目标，七要素还需要制度和重要的关系正确运作。

让我们花点时间来了解每个要素，以便我们能用它们来建立一个成熟的企业。

获得和保留

愿景和领导力
业务开发
运营和交付
财务管理
客户满意度
员工满意度
社区、家庭、个人
关系（relationships）　　　　体系（systems）

要素一：愿景和领导力

斯泰茜·辛简是一家比萨店的店主，她很聪明，认识到自己喜欢管理日常事务且擅长制定制度和管理员工，但是她不知道这些会带给她什么，因而她雇用了一位外部顾问（或者称非股权合伙人）。目前她有了四家比萨店，她请了专业人士为她管理店面，因此她可以专注于她开创的慈善事业。

所有成功的企业都很清楚企业发展的目标、为什么要实现那目标及预计何时实现目标。但正如我们所见，企业中最重要的两个问题"为什么"和"何时"却很少提及。问及这些问题，就是企业管理者和企业领导者的差别所在。大多数人只是管理，结果是，其企业从未成长为一家成熟企业，从未成功跨过第三阶段的维持期或第四阶段的稳定期。

我并不要求你变成一位动机巨人，只要求你在大局（影响企业未来几年的事情）和局部（影响企业未来几个月的事情）层面多提"为什么"和"何时"这两个问题。如果你时常提出这两个问题，那么你是在领导企业；反之，你只是在管理企业而已。提这两个问题有助于你管控其他的六个要素，而这是其他任何问题所不能的。

要素二：业务开发

艾米·比约恩是一位成功的艺术总监、图形设计师和项目经理，自20年前离开一家大公司以来，她就一直做得很成功。有一天，她突然出现在我面前告诉我："我没有客户了。"曾经为她工作了20年的七个同事在短短六个月里不是退休就是离开。她以前从来不必自己去拓展业务！

我们设法为她设计了一个简单的业务开发战略。由于她很努力地工作，三个月以后她的生意重新有了起色，六个月以后她的生意已经很不错了。从那以后，她就越来越重视业务开发战略。她吸取了教训：小企业的营销和经营不能分开，必须同时全盘关注。

企业需要客户。为了获得客户，你必须做好营销工作；要做好营销工作，你必须充分了解你的信息和市场。为此，你要生产出可行的产品且不断去完善，永远先于客户的需求。那些过于关注生产和经营的创业者可能会忽略这一点。

在此提醒一下：业务开发不是销售流程，它与你的品牌息息相关。你的品牌是什么呢？

1. 品牌就是客户眼中的你，而不是你自认为的你；

2. 品牌是他们所购买的，但可能与你正在卖的东西完全不同。你是否问过你的客户："我卖的东西，是不是正是你想要买的？"有可能你跟客户打过招呼，然后就向他们推销并不合他们意的产品。

3. 品牌是企业精神，是独特的，也是公司的信念，并以具体行动（而非言辞）来提升。

强化品牌与发展企业的方法

老练的二手车销售商能迅速找到促成销售他该说的或该做的事情。他能带动什么样的情绪？他可利用什么样的弱点？客户是否不喜欢争论？他们是不是很容易被糊弄？他们是否很自我？他们是否担心别人买下这辆车？最重要的是，他们怎么看我，一个推销员吗？

我们都要买东西，但没有人愿意受推销而买东西。当我走进家具城的时候，没有人以咄咄逼人的口吻来问我（我的解读是：想想他们会开始向我推销什么东西），这才可能真正享受到购物的乐趣。

这里有个简单的概念：服务，而不是推销。永远不要向任何人推销任何产品。只为客户提供他们需要的服务，即使他们的需要与你的销售没有任何关系。如果你有足够的自律，不再一味地推销你的产品或服务，只是想如何为别人服务时，你的销量就会呈指数级增长。

为什么呢？首先，老的销售教条是对的——人们直接从别人那里（而不是从公司）买东西，他们从自己最喜欢的人那儿买的东西最多。那么，他们会不会因为我很聪明或能读懂肢体语言而喜欢我？不会的，人们喜欢我是因为我真正帮助了他们抛开那些阻碍前进的东西。

其次，如果我们提供他们需要的服务，而不是推进我们的计划，这样就会立刻建立信任、可靠性和积极性。具讽刺意味的结果是，他们感到受恩惠而亏欠你——"你帮了我这么多，我能否为你做点什么……"二手车销售商渴望得到客户的这种忠诚。遗憾的是，他不愿通过为客户提供服务来获得它。

你会理解这一点，但很可能你实际上不会照此去做。我们都"相信"这一点，但是因为这种收益通常来得太慢（没有即时销售），我们就难以将它付诸实施。实际上，你达成的即时销售可能较少，但你会得到很多长期销售业务。

嗯，准备好这样做："我的朋友说你对他慷慨相助过。因此我到你这儿来买东西。"

你敢说你从未提升你的业绩。你只要为客户提供他们所需的服务，而不是提供你想要他们得到的服务。这样，你会在更短的时间内赚到更多的钱。

要素三：运营和交付

好的，你制造了一个很好的产品或提供了非常独特的服务。你很喜欢它，因此你的顾客也很喜欢。它是非常好的产品或服务。我知道，但是，现在忘了它吧。你的顾客现在不买它——他们在买你从未出售的东西。

创业者更多的是在这个企业因素上犯错误，财务管理及业务开发除外，因为我们是如此喜爱自己的产品或服务，以至于没有真正了解客户究竟需要什么。我们一直纠结于产品质量，因为我们热爱自己的产品，希望它完美，但通常的情况是，人们并不是要质量，他们是要产品的一致性。他们在出门前就对质量选择有了决定，然后他们开车前往质量最稳定的地方。

我曾经与美国一家顶级数字通信公司探讨如何提高其呼叫中心的业绩。他们按照这些标准来衡量业绩——通话时间、一次电话解决率、等待时间、放弃率、事后处理时间、转接率，等等。目的是使不良统计数值降低，并让所有呼叫中心向拥有最佳数值的呼叫中心学习。

问题是，在假设充分授权会更好地解决问题的前提下，每个呼叫中心的负责人受命根据本地情况定指标。（这就像让 12 家不同的制造厂按照他们自己的方法去生产电脑一样——良好的意愿但没有好结果）我告诉他们：服务质量最高的呼叫中心产生的问题与那些服务质量最低的呼叫中心产生的问题一样多。怎么会这样呢？

因为客户并不是要买质量最好的产品或服务，而是要最一致的体验。我们一直在试图销售最好的椅子、最好的保险、最好的钢琴或最好的软件，而这并不是我们的客户要购买的。

不信吗？

……客户不是要质量最好的产品或服务，而是要最一致的体验。

你能说有多少美国人认为麦当劳卖的汉堡是最好的吗？也许没有人这样认为。然而，它的销量很大，因为每个人都知道去任何一个麦当劳窗口都会得到同样的汉堡。它并不是最好的，但每次都是一样的——可靠、一致和均衡。我们可以料想到它的样子，而麦当劳可以保证它维持那个样子。我听说在雷·克拉克办公室的墙上有一句格言："誓做世上最高效的汉堡。"请注意，他没有说做最好的汉堡。不管对错，这话道出了要点。我们在麦当劳要买的并不是质量，而是一致性。

我们在高级商场（Nordstrom）购买的也不是质量。奇怪吗？尽管该商场在出售更高质量的产品，我们仍然是在购买它给我们的体验。有很多零售店也在销售同样的产品，但我们舍近求远地还花更多钱去那商场购买同样质量的产品，以获得该商场的良好体验。我们在那里购买的也是一致性，而非产品的质量。

一个房地产经纪人曾给推荐高级住所业务的朋友馈赠一个周末的休闲活动。他告诉另外的朋友，这个朋友也介绍了业务给这位经纪人，而这位朋友得到的是一个高级商场的礼券。第二个朋友很失望。虽然经纪人给的两份礼物的价值相同，但第二个人期待得到与第一个人同样的东西——一个周末的休闲活动。由此可以看出：一致性是多么的重要。

你有合适的流程保证每次为每个客户提供体验一致的服务吗？如果没有，那么你应当立即停止追求产品完美，而要开始倾注你全部的精力去制定流程，以保证客户获得一致的体验。椅子做得最好的人并不会拥有最忠实的客户，而是提供最好、最一致客户体验的"制造者"拥有最忠实的客户。

加油——制作质量好的椅子，但最好是每次提供同样品质的椅子。

对小企业来说，最主要的困难之一是将创业者脑海中的想法变成流程图，印在纸上，然后管理好这些流程图。那就是制作流程图。这也是企业从第四阶段的稳定发展到第五阶段的成功（甚至超越此阶段）的最佳办法之一。本书将在第八章作进一步阐述，千万不要错过了！这能拯救你的企业。

要素四：财务管理

一个香肠销售商用 1 美元购买香肠，然后以 0.95 美元的价格销售出去。但他说他不担心赔本，因为他会通过销量来弥补。嗯。

詹妮·西姆斯有一家不稳定的策划公司，平均月收入 5.5 万美元。她向我请教公司未来发展的规划，但我们发现她更需要的是对过去财务状况进行战略分析。得出的结果是她也在使用那位香肠销售商的战略。她公司每个月的收入几乎都低于成本，但是她认为没问题，因为亚马逊网站也过了几年才赢利，而且大多数企业在最终赢利之前都处于负债状态。

她的收入比前一年增长了50％这一事实仅仅证明她在做的事情是正确的。但三个月以后，她还是破产了。因公司亏损厉害，没有一个债权人还有耐心再等待。

财务管理是企业的重要要素。小企业创业者几乎都没有很好地掌握它。那些数字不仅仅是简单地相加，它们代表着实质情况。数字是企业的语言，且很少说"数字语言"。你能从数字中读出什么来吗？如果不能，你需要进一步学习。你不能忽视这第四要素。

我所知的最好的财务管理书是由贝曼、奈特和凯斯所写《企业家财商》（不同的版本），浅显易懂。《领先和滞后指标——最重要的数字》。除了对收入、收益、利润、损失和现金流有基本的了解之外，你所能做的最重要的财务管理是设定领先和落后指标。

提高销量不能让我们摆脱枯燥的游戏；只有提高了我们的每小时收益——在更短的时间内赚到更多的钱，我们才可以摆脱它。为此，我们必须紧跟2—4个数字：1—2个滞后指标和1—2个领先指标。

滞后指标

温迪汉堡包的创始人戴夫·托马斯日常只要职员向他汇报一个数字——出售了多少个圆面包。他只需要这一个数字，因为他已经明白哪个数字最能反映过去的业绩。根据这个数字，他能准确计算出公司出售每个汉堡的利润，销售了多少个汉堡和鸡肉三明治等。所有的信息全部包含在这个圆面包数字中。

像这样的数字就是成功的滞后指标。它反映已经发生的事情，并告诉我们过去的绩效。

领先指标

我们用成功的滞后指标来建立成功的领先指标。滞后指标（比如交易洽谈率和订单完成率）准确告诉我们推进业务需要做什么。如果看看滞后指标就会发现，为保留一个新客户，需要进行四次交易洽谈，需要联系十个人（滞后指标）。我可以用这些数据来建立成功的领先指标。

假设我一个月需要开发四个新客户——从滞后指标得知，我一个月需要进行 16 次交易洽谈；为此，在这一个月内我需要联系 40 个人。我的成功领先指标就是：每周 10 次联系和 4 次喝咖啡（采购洽谈）。滞后指标告诉我，如果这样做，那么就能实现目标。

当我最初开办企业时，我爱人戴安娜会问我下个月的情况如何。我最好的成功领先指标是与创业者"喝咖啡的次数"。如果我能每周提前约定四次喝咖啡的事，那我知道会达到企业增长的目标。就是这么简单。

这听上去像销售流程，而不是财务管理流程，对吧？这就是我们小公司创业者所犯的最大错误之一——跟踪错误的数据。财务管理的首要作用是准确知道我们需要多少业务来支付账单和实现企业发展——收支平衡点在哪儿以及如何超越？我强调领先与滞后指标，因为绝大部分会计会给你收支平衡数据，但事实上没人能帮你指明如何管理好财务来确保成功成长，真正的财务管理是从准确建立成功指标开始的。

如果你跟踪了三四个以上的数字，那么说明你跟踪得太多了。我有两个滞后指标及一个领先指标，这就足够了。特殊情况除外，如果超过那个数量，你只是在胡乱折腾。

每小时收益

好的财务管理也是从真正了解你的理想生活方式（我们将在下章详述）开始的。大多数创业者从未认识到这一点。他们总是抱着"无计划的希望"的企业战略并"希望赚到很多钱"。这里有一个可更好地确定你收入的财务管理工具：

你的生活方式是由企业的收入以及工作之余的时间来决定的。这就关系到每小时收益。为了解所需的每小时收益，需要弄清楚你的理想生活方式。

你期望的每小时收益是多少？

- 年收入（理想生活方式的成本）？（A）　　　　　　（12.5万美元）
- 每年工作几周？（B）　　　　　　　　　　　　　　48
- 每周工作几小时？（C）　　　　　　　　　　　　　35

A/（B×C）=你期望的每小时收益（在此案例中为1680小时/年或74.40美元/小时）

确定后，再看看你所做的工作，看哪些低于你的工资水平。这也是制定流程图那一章的一部分，我可以说，你看到你所做的让你的每小时收益下降了多少时会很吃惊的。这会激发你撤销部分工作或者将它们交给更擅长的人，同时你专注于你的核心竞争力。

为你的产品或服务定价

定价是财务管理的一项主要工作。千万不要这样做——基于历史价格、担心、感觉、"我的经验"、梦想、渴望、客户情况/记事本、方便或者主观"分析"。

这里有几点正确定价的建议：

1. 成本——就是你获得利润前的所有生产成本或服务成本。如果你不知道每个产品或每项服务的成本，只好祝你有赚钱的好运气！如果有必要的话，从这里能够得到一些帮助，因为这非常重要。有些企业采用成本加成法来定价，就是实际成本加利润。只有在高度商品化的企业才有必要采用这种定价法，即使这样，你也应该找到一种方法来增加产品或服务的价值，这样你就不必限于成本加减定价法。

加价与利润需注意的是——一旦你清楚成本是多少，你就可以确定加价率。你应该了解加价与利润是完全不同的概念。如果你的成本是1美元，加价50%，那么价格是1.50美元，而你的利润只是33%（0.50除以1.50）。在你认识到只有33%的利润之前，50%的加价听起来似乎很不错。因此，不要混淆这两个概念。

2. 质量——如果你能改进的话，不要只是采用成本加成定价模式。了解市场是如何看待你提供的产品或服务的，你或许会发现你的产品被视为高端产品，而你却在低价销售。有时候，你只需定一个稍高于其他同类产品的价格，就能轻易给你的产品制造一种高端的感觉。

3. 专业——人们是否将你或你的产品视为行业领头羊？如果是，那么你可以定一个好的价格。

4. 客户观念（市场需求）——便利、"超然"、市场位置和其他细微差别都可以让你的产品卖个更高的价格。

5. 市场上缺乏/有竞争力——你所提供的是独特的还是市场上已经饱和的？这会影响你的价格。

6. 危险的工作报酬——将利润低、维护多的客户转变为利润高、维护多的，要么放弃他们。他们不值得你降低每小时收益。

7. 你很忙碌吗？——95%的时候都忙碌的规则表明，如果你忙碌比例高于90%—95%，那么你得提高你的价格！

8. 时间/复杂程度——你的客户提出某些非常规要求吗？如果有，不要报正常的价格！如果你想让你的客户滥用你的劳动，那么就忽略这一条。

9. 历史——你是否坚持过去的定价不变？为了摆脱过去的价格，请对新客户采用在此列出的1—9条建议。勇敢地提高价格！

我运用这种方法只因为我想让你明白，定价牵涉许多因素，不只是你所花的时间。我曾合作过的公司几乎都定价过低。请提高价格，直到你受到了正常的阻力为止，到那时你的价格可能就属正当的了。

要素五：客户满意度

我做过这方面的主题演讲，也举办过相关研讨活动，我常问听众："有多少人有书面的经营流程图或类似的东西？"大部分人会举起手来。我再问："多少人有书面的市场营销计划书？"大约一半人举手。当我再问："多少人在使用客户满意度计划书？"如果能有5%的人举手，那已经是幸运了。

几乎没有人拥有企业中这个重要的要素。几乎所有企业的客户绝大多数都来自现有的或过去的客户，如果你看看他们的营销预算，会发现资金流向冷漠的广告（电视、广播和印刷品）、直接营销（邮件、直接致电、电子邮件）或者稍微好一点的采用公关形式（举办活动、写文章等）。

广告投入没什么错，但在有笔不错的预算可花在广告和直接营销上面之前，大多数小企业应将主要的预算投入现有的和过去的客户关系建设上。对于小企业来说，每年花费几千元的广告费用，投资回报根本就不存在。

客户满意度是如此的重要，因此我们在本书后面部分会探讨如何制定相关流程。这只不过是确保你的客户络绎不绝到来的最好方式。

要素六：员工满意度

在我工作之初，我进入一家小公司上班，该公司当时年收入800万美元，到五年后我离开时，其年收入为 3200 万美元。这看似不错，但实际上是一棵内部已经腐烂的大橡树，只要一阵强风刮来就会把它吹倒。在我到那家公司时，公司有员工 310 人，仅 5 年后，我是该公司第 15 位在职时间最长的雇员；人员流动率为 63%（人力资源总监喜欢我，因此我知道内情）。这意味着他们每两年流失 126% 的雇员。

我离开，是因为总裁在我面前说，很多非常称职的人认为自己很重要而跳槽了，但"我们能毫无问题地找到替代者"。这种地方有种嚣张气焰——一种无敌的感觉。只给了员工们必需的东西去工作，当一个员工离开，他们只是去招募另一个来。

在我离开两年后，该公司的年收入已经下降到 1000 万美元，这只是它以前自我的外壳了。顺便说一句，客户满意是公司最重要的资源之一，但他们忘记了员工。

这个故事的寓意是，你如何对待你的员工，你的客户也会得到同样的对待。我知道这听起来简单，但往往最深刻的东西是最简单的。如果你接到客户服务的抱怨，不要首先质问你的员工，而要看你如何对待你的员工。你可能会发现在对待员工方面需要改进，而这将有助于他们更好地对待你的客户。我们在本书后面还要花更多时间来详谈这个问题。

要素七：社区、家庭、个人

你的企业给周围世界带来了什么好处？正如我前面所说的，我能想到的设立企业成熟日的最大原因是，这样我可以专注于创造一种有意义的生活。这本书本身是有关至少到达有意义的第六阶段的。

几年前，当我不再发展自己的企业，开始帮助其他创业者时，我遇到了吉姆·德拉逊，他经营着一家出租家用报警器的公司。这是年销售额达 5.2 亿美元的好生意，但吉姆对此感觉极其无聊。他对我说："除了没其他事情可做之外，我真不知道为什么还会来工作了。他们的确不需要我在这里。"

我们聊了一会儿，我发现吉姆喜欢听音乐，并参加过镇上的乐队演出。他提到，由于音乐课已从市内的课程表上撤掉，因此他想用音乐来帮助市内的孩子们。他曾仔细想过，认为做这样一件事情需要 50 万美元，但经过几小时的讨论，发现需要 500 万美元。这时，他有了打造企业的新理由，因为他必须将企业发展到价值 3000 万美元，以满足建立自己的基金会所需。吉姆意识到他的企业存在不只是为了赚钱，而是为他、他的员工和周围社区创造意义。看到他又充满热情和力量地前进，是很有意思的事情。

概述——坚守各要素

关键是要知道你真正擅长的是哪些要素，以及如何让别人负责你不喜欢的要素。有时在早期，我们要自己全盘负责，但我们知道哪些是自己最擅长的，哪些是你要放下的，以更快的速度摆脱枯燥的工作，让别人来做那些你不擅长的事情。

获得企业之外的看法

单看看你的公司注重的要素，你应该会得出一个不错的主意，但要肯定的最好办法是问问非常了解你的企业的人，看他们是否也认同。如果他们不这样认为，那么听他们的。他们会客观地看待你的企业，而你会带着个人感情来看待它（它是你的"孩子"，你怎么会认为不好呢？）。即使他们不像你一样了解你的企业，他们也很可能比你能更好地处理你在做的事情（无论好与不好）。

体系和流程都是重点

七要素要求你有为客户提供一致体验的流程，它对员工来说是可靠的流程，它也是利润稳定增长的基础。

"保持简单"仍是规则

如果你不能在 30—120 秒内分享七要素中的每一个要素，那么你很可能永远不会使用它。体系和流程不是摆在办公桌上三英寸厚的文件夹。它们是一系列极其简单但高效且经过时间考验的步骤，每个人都知道，每个人每天都使用它。对大多数企业来说，含有全部七个要素的整个体系手册不应超过几页。

让企业的所有七要素为你效力，这样，你会重拾创业之初的激情。让所有七个要素适得其所，这样，你会摆脱那枯燥的工作。

请记住，企业的四大基本要素与企业的七要素都是存在的，无论你关注与否。成功的创业者认真地对待它们，并利用它们让企业走向成熟。在下面的章节中，我们将解析你所需的所有工具——确保你在利用四个基本要素和这七要素建立一个在你度假时也在赚钱的成熟企业。

6. 企业中最重要的问题

如果你没有自己的生活计划，那么你就会被纳入别人的生活计划。

——我的好朋友约翰·希南，爱尔兰贝尔法斯特

老者一席话改变我的生活

在我刚开始创业时，一位睿智的老者（差不多大我 50 多岁）告诉我说，人生存在一个固有的问题。他说："查克，你也知道。当你年轻时，你有全部的时间和精力去享受生活，但没有钱。当你到中年时，你会拥有钱和精力，但没有时间。而当你退休时，你会拥有钱和时间，但没有精力了。"

他接着说了一些极其深刻的话："最有意义的生活的关键在于弄清如何同时拥有时间、金钱和精力——如果你弄明白了，那么你会对你周围的世界产生很大影响。"

人生目标是我解决时间、金钱和精力这个难题的基础，也是如何用我的企业来解决难题的基础。

核心目标

作为负责任的企业创业者，我们花大量时间在"什么"这个问题上：我要出售什么？我该定什么样的价格？我该做什么样的市场？

我们发现"如何"这类问题也同样让人感兴趣：我如何寻找客户？我这个月要如何实现目标？

我们也热衷于"谁"和"哪里"这些问题：谁是我理想的客户，我该在哪办公、在哪做广告和在哪建立网络？

应付所有这些问题（谁、什么、哪里和如何）比较有趣。它们在很大程度上都是假设的问题——我可以毫不费力地轻松回答所有这些问题，着实让人惊讶，感觉仿佛我取得了很大成功。但问题是，我们只是在处理公务而已，只是在做一些复杂（容易）的事情，这些事情让我们感觉很重要，也让别人和我们自己加深这一感觉。

而企业中最大最重要的问题，这个帮助我们解决时间、金钱和精力难题的问题，这个也将决定我们成败的问题，是"为什么"。

清晰、希望和风险

无论是最小还是最大的决定，"为什么"都是企业中最重要的问题。如果你要买一台复印机，你得问"为什么"。如果你开设一家公司，"为什么"是最先需要解决的问题。"为什么"回答了愿景的问题——你为什么这样做？第五阶段的成功、第六阶段的重大意义和第七阶段的移交，都事关这个问题。对目的地、有清晰愿景的人们（"为什么我这样做？"）最有可能实现目标。回答"为什么"让我们目标清晰，清晰的目标让我们怀有希望，怀有希望会降低风险，并让我们采取措施。

"为什么"是一个最能为你指明方向的问题。然而，我们很少问及它。为什么？这个问题问得好。

更多的时候，我们只是不问"为什么"，因为这个问题看似模糊不清且与企业无关。尽管它可能难以回答，但如果你不努力去回答，那么你注定会陷入枯燥的游戏之中，得在第二和第四阶段之间徘徊30年，直到把你的工作卖给下一位想要拥有一份工作的人。

由于"为什么"是模糊的，因此它需要实际工作来作答。更多的时候，我们只是不想去做那种辛苦工作，因为它不会在今天就给我们金钱上的回报。我又得说，只顾赚钱就是在扼杀我们的企业。"为什么"是一个重中之重的问题，而我太过忙于应付不容分说的"紧要事"，因此无暇去做可回答"为什么"的苦差事。但是，我又要说，我们得到了我们想要的东西，而那些很好地回答了"为什么你这样做？"这个问题的人更可能建立一个成熟企业，而且只需3到5年的时间。

去度假以及核心目标

回答了企业中的"为什么"问题，人生目标也就会清晰起来。在我们去度假之前，我们也同样有清晰的目标，只是在一个更高的层面。

你去度假会没有目的地吗？拾起游泳衣，却最终去了滑雪场，会是什么感觉呢？或者车上载满了打高尔夫球的装备，却最终到了划船的码头；或者你得到那儿了，而你开始完全没有主意。要是六个月之后会怎么样？要是昨天呢？

当然这听起来有点荒唐，谁也不会那样做。我们花费数小时（有时候是数星期）去计划一个为期两星期的假期。去西班牙旅行两星期，在这之前我花费6个月学西班牙语。我在车上学，在工作间隙学。我也烦劳我那些可怜的孩子（他们懂西班牙语，视我的兴趣为麻烦）。我非常在意这次假期的计划。

我们为企业会如何影响我们将来的生活这个问题花费了多少时间和付出了多少努力呢？显然不是很多。说起来很荒谬，数年来，我们将滑雪板、游泳衣、远足靴、晚礼服、连指手套、拖鞋扔在我们的企业东西"车"里，心中漫无目的地去我们想去的任何地方，尝试各种可能的事情。谁都不能这样去计划一个假期，更何况以这种方式去经营我们的企业？

因此，如果你决定要找到"核心目标"并回答你为什么创业这个实在的问题，那么成功会属于你！你会进入为数不多者的行列——不仅能计划好假期，还能规划好余生。你也会是学会了如何利用企业来实现自己的人生目标的少数者之一。

每次无目的地地出击。

树立人生目标的三个基本原则

在开始树立人生目标之前，我们必须弄清三个非常重要的原则。

原则一——赚钱不是一个充满动力的愿景

我从未见过谁只为了"赚钱"而行事。即使有极少数貌似那样的情况，但很显然，他们赚钱是为了创业，为了挑战某些东西获得成就感，而金钱只是用来衡量他们的创业水平的。

年收入 1030 万美元的运动员不会为了多赚 60 万美元（年收入达 1090）而坚持运动。他们坚持运动是因为 1090 万美元给了他们最高的报酬，"证明"他们是最佳的运动员。

但是，如果你认为你的动机就是赚钱，那么这会让你很难渡过企业发展过程中的难关。如果你有"核心目标"，有某些要利用企业去完成的事情，那么你会比别人更容易渡过企业的难关。

原则二——实现的目标不再有动力

在我还是一个小孩子的时候，我有了平生第一部晶体管收音机，然后带着它去了海滩。捕捉电波方向调整频率，这非常酷！在小学高年级的时候，我有了一个好得多的扬声器。到读高中的时候，我有了另一台带单独扬声器的收音机，它很像一套真的立体声音响器材。我在不断提升我的音响设备档次，一直到几年前的某一天，我置办了整套环绕立体声家庭影院，我发现我所看的扬声器价格都在每台 8000 美元。该厂家还出产价值 125000 美元的扬声器，只是我还没有达到消费它的地步而已。所幸我适时收手，也就没有了满足于追逐的感觉。

这里的关键点是，每次我买到一个想要的音响器材，我很快就会想下一个会更大更好。我们一达到第一个目标，就会思考下一个目标。乐趣就在这种追逐过程中，而不是得到的结果。实现的目标不再有动力。

那么，我猜想我们不应有目标么？不对——只选那些在你实现时还得不断考虑的目标。因为后面还有更多目标。

原则三——我们生来都要做一些有重大意义的事情

我并不是说大家都要上电视、成为总统或者发明治疗癌症的方法。这是对重大意义的严重曲解。一个人能够终其一生在他的行业下工夫，并让他周围的人高兴，那么你和我都不能领会他对他周围世界带来的深远意义。

我要说的是，我们都应活得有意义，去做一些有意义的事情，无论那对你来说是什么。正如我那爱尔兰的朋友约翰·希南所说的："查克，上帝不造废物，他也不会让你失败的。"是的，我们生来都得给这个世界带来意义，无论这个世界是你的周围邻居还是整个地球。你的人生目标不能是达不到的目标，只是一直不断带来挑战。

如果我注定要做一些有意义的事情，那么我必须好好对待那些有意义的事情。我得花时间为自己编个让我心潮澎湃又能在早上给我起床动力的故事。我需要有取得成功的决心，这决心来源于清晰的人生目标。

因此，赚钱不是一个有动力的愿景，实现了的目标也就不再有动力。我生来是要做一些有意义的事情。这三个原则促使我找到人生目标，并利用我的企业来帮助我实现它。这三个原则也揭露了在人类历史上出现时间不长的一种概念——退休。

退休是破落的工业时代的想法

退休的确是破落的工业时代的不好的概念，我们必须面对它，并明白为什么人生目标应当替代那种概念。我认为退休的概念是随业务集中的大型企业的出现而出现的。退休不是阴谋，只是从企业的角度来看是个好主意——拥有我30—40年最佳时光，然后剩下最羸弱无力的岁月给我。你们都知道"规则是由掌握金钱者制定的"这一黄金规则。

那么退休有什么不对呢？主要在于下列三个方面的问题：

1. 退休是一个实现了的目标，我们知道目标一旦实现，便发现它不是我们所希望的。英国医疗杂志的一项研究发现，那些在55岁就退休活到65岁的人，其死亡率明显高于那些到65岁才退休的人。早退休实际上缩短了他们的寿命。他们不再有动力，他们退休了。他们已经够了——满足了。

2. 退休的想法让我们推迟做那些对我们的生活有意义的重要事情。我无数次听 40 多岁的职场人说："到我退休时，我就要去做什么什么。"这是多么令人沮丧的生活方式——一直寄希望于未来你真正可自由地去做某些事情。

3. 那么，我得工作到 65 岁再开始享受生活吗？在此比较明显的信息就是不要将辛苦工作和玩混淆了。建议你过两种生活——你的工作生活和你有意义的日常生活——而实现这两种生活的理想方式就是首先过上你的工作生活，然后希望你有剩余的时间和精力来实现有意义的日常生活。

制定你自己的规则——用人生目标替代退休的想法

"规则是由掌握金钱的人制定的"，对吧？我这里的版本略有不同："谁制定规则谁就赢。"而且我已决定按我的规则行事，而不按他们的。

我在改变规则。退休是一种糟糕的念头，而我要追求人生目标，因为我不必等到 65 岁才开始实现它们。我可以在我 20 多岁开始，且不断增加投入的时间、金钱和精力，直接努力去实现那些目标，一直到过上理想的生活。

我并不是说你应该一直"上班"到 95 岁。有些人会在他们 35 岁时就卖掉企业，且再也不重返传统的工作道路。然而，如果你没有人生目标来取代那项工作，你不会开心——我们生来就是为了做某些有意义的事情的，不是短期内，而是我们整个一生。这就是为什么说退休是一个糟糕的想法。如果你选择不工作，好的，但是请投身于对你和你周围的世界都有意义的事情。

请记住，财富是能自由选择做什么事情的能力。退休这玩意儿告诉你，在你退休之前你不是自由的。简直一派胡言。别再为永远不会到来的未来而生活。千万别成为"这个人"——当你去世了，别人站在你的棺材前说："他没有机会去享受退休生活，真可惜！"

人生目标带给我们去享受和发现今天及未来生活有意义的事情。人生应该是天天都有意义、令人愉快和满足的。

利用时间、金钱和精力创造有意义的生活

人生目标是一个永远也不能检验的目标。

人生目标的定义：

真正的人生目标永远不能真正完成——总有更多的事情可让你做得更好、更完美。任何可以在完成时检验的目标都不是人生目标。一直梦想屋后就是第十三个球洞的湖边房子？这不是人生目标，因为它是可以进行检验的，且不再有动力。我们需有更大的理由去拥有那房子，而不仅仅是拥有它。你会用它来做什么呢？用它怎样使你和你周围的世界获得成功和意义呢？回答这个问题，你就有了拥有那所房子的真正理由。

我们被灌输这样一种观念，将积累的耀眼财富等同于人生目标。"我的人生目标是在银行有 500 万美元，有一辆奔驰车，有一所 6000 平方英尺的大房子，还有一条不错的小游艇。"这不是的。请记住人生目标的三项原则是：

1. 赚钱不是一个有动力的愿景。

2. 实现了的目标不再有动力。

3. 我们生来就是要做一些有意义的事情。

如果你最初的动机来自那些耀眼的目标，如果你没有拥有它们的"核心目标"，那么结果只会是令人失望的。80 岁老人那陈旧的自欺欺人的话"死时拥有最多东西者为胜"是错误的。只有那些怀有最令人鼓舞的人生目标生活的人才是赢家。

以你的理想生活方式支撑你的人生目标

我提到过"人生目标"和"理想生活方式"。这两者有重要的明显区别：你的理想生活方式是为了支持你的人生目标。你积累的时间、金钱和精力（你的理想生活方式的基础），只是作为实现人生目标的资源。

根基和果实

有些人认为，不追求理想的生活方式是崇高的——那种生活可能过于追求物质享受了。我曾经很长一段时间也是这样认为。后来约翰·希南对我说："查克，你的问题出在你是从根基上去实现目标，而不是从果实中实现目标。你怎么能指望一直这样呢？你会耗尽根基的。建立一个强大的根基体系，你就能有更长的时间实现更多的目标。"

人生目标是什么？

人生目标关乎成功和意义，也就是企业的第五和第六阶段。它们是以价值观为基础的活动，你永远无法检验它们。其中每个目标是你余生可以做，却最终未能完成的事情。只要你还健在，身体条件允许，你就可以用这些事情一直影响你周围的世界。它们永远是给人以动力的。但人生目标还有一个更令人兴奋的方面。

人生目标以价值观为基础，理想的生活方式以物质为基础

一位20多岁的女士来参加我们的人生目标研讨活动，她深信自己的人生目标是在银行有500万美元的存款，在丹佛和奥兰多这两个地方各有一所大房子。她走时，怀揣着"将她的企业规模扩大四倍并交给其他人管理，从而让她可以过上第七阶段的生活方式，用她的公司来推动曾对她妈妈给予很大帮助的乳腺癌慈善机构"的想法，她感到非常兴奋。喔，将来需要比原计划的500万美元更多的钱——她为一个更大的目标而延伸了原目标。

我们接受了以硬资产和耀眼的物质来思考目标的思想。拥有一辆车、买所房子、存钱、拥有自己的企业。思考耀眼物体的更好方式是利用它们让你和你周围的人成功和有意义。

人们不会给拥有最多物质的那些人竖立雕像，但会给那些产生过最

大影响的人竖立雕像。如果你为企业运行成功地叙述了"核心目标"，那么你会清楚知道你该利用企业来做什么，而不只是享受你的生活，而是要过得有意义。

让我们这样来思考。你的人生目标是以价值观和生活信念体现的成功和意义。你理想的生活方式是硬资产，时间、金钱和精力支撑着你的人生目标。是什么价值观展现你的人生呢？这会告诉你需要什么东西来支持这些价值观。我们争取得到那些东西，然后设法用它们来为我们的生活增添意义。如果你首先去争取获得意义，那么为增添意义，你能将重心更多地放在获得正确的东西上。

总之，如果你有足够的时间、金钱和资产（你的理想生活方式），然后你能运用这种财富（自由）去充分实现你的人生目标。

人生目标	理想的生活方式
成功、意义	时间、金钱、精力
以价值观为基础的活动，目标和生活原则	支持你的人生目标的东西

你已经在实现它们了

- 你现在为慈善机构绘画、写作或做志愿服务吗？
- 你的余生想旅行吗？你已经旅行了吗？
- 你想帮助别人过上更高质量的生活吗？你已经在做类似的事情吗？
- 你想要成为世界级的鸟类专家吗？你已经在观察鸟类了吗？

所有这些事情你永远不能在完成时检验。人生目标是令人兴奋的，因为我们不必等到退休时才去实现它们。我们甚至不必等到我们过上理想的生活才去这样做。

如果你已经做了许多不属于人生目标的事情，那么，唯一要问的问题仍然是："我什么时候能将全部重心放在人生目标上？"要回答这个问题，我们得问另一个问题："让我实现人生目标的理想生活方式是怎样的？"

如果你目前每周为你喜爱的慈善机构工作两小时，且每月只能给予

50 美元，那么你希望每周能够在该慈善机构工作 20 小时，且每月给予 5000 美元吗？如果你现在每年只有一到两个星期的旅行时间，那么你希望每年能够旅行三个月吗？

理想的生活方式是带给你财富的具体途径，这种财富是指你有时间选择做什么的自由和能力。理想的生活方式可让你选择对周围的世界产生怎样的意义。

既然我们清楚人生目标和理想的生活方式是怎么回事了，那么开始行动，为自己界定这些事情。

找到"百慕大"

首先，我们先来讲一个我们可以参照的普通故事。几年前，我从弗吉尼亚州的一个小企业顾问阿特那里听到一个很好的例子。

假设你要从弗吉尼亚州的诺福克航行至百慕大的圣乔治镇。要弄清如何到达那里，你首先会做什么呢？没错！在知道百慕大在哪儿之前，你没有去这个地方的路线。因此，我们可以说百慕大代表你的人生目标。那么你的"百慕大"是什么呢？

从目标点往回做计划

一旦你得知百慕大的圣乔治镇所在的经度和纬度，计划此行接下来要做什么呢？我们大多数人会说应当开始绘制从诺福克出发的行程图，但是我们错了。海员通常会从目的地开始往回绘制行程图。为什么？百慕大将帮助我们弄明其中的缘由。

百慕大群岛有 21 英里长，最宽处不超过两英里。该岛从西南向东北呈倾斜状，距离北卡罗来纳州海岸约 570 英里。圣乔治镇坐落在该岛的正北端。如果你是直接从诺福克出发，似乎稍微偏东南方行驶，直奔该岛屿北端，这样正合适。但如果你这样做，你的帆船会沉没。

在百慕大的东侧，百慕大往北许多英里有很多的暗礁，它们会毁坏任何从西边来的船舶。虽然圣乔治港位于岛的西侧，入港的唯一方向是从东南来。但是要安全达到那个地点，船必须从百慕大北面很远处避开

81

暗礁，绕道到岛的背面（东），驶往南面合适位置，最后转向西北方向进入港湾。得知这一切的最好方式是从终点往回倒着计划行程，如同你是要离开圣乔治镇到诺福克航行。

这同样适用于任何正确的目标设定。你开始作规划就应该一直心里想着结果，遵循从目标点倒回到现在的路线。这样，你就不太可能因驶向错误的方向而毁了你的企业。

另一种方法有助于海员对待每天的目标。由于百慕大距离诺福克约600英里，30英尺的帆船每天正常航行可达120英里，海员会计划用5天时间到达那里，然后列出每天从百慕大倒回诺福克的航程。这些每天的目标就叫做"定位标"，它是对我们建立自己的人生目标非常有帮助的一个术语。

我们第一天在诺福克起锚，前往我们的第一个定位标，约120英里。然而，风向在变，水流也不稳定，再加上一块帆裂了，帆船只航行了100英里，且向南偏离最佳航线10英里。船员失败了吗？不！第一天的定位标就是那样，它是整条航线上让你知道如何到达最终目标的一个点。因此，船员没有失败，他们只是要作一个决定。他们会想第二天前行更难吗？或晚些时候到达百慕大吗？第二天，风向很理想，水流也正好，船顺利前行。第二天，船员超越了240英里的定位标，最终航行了260英里。这算胜利吗？不！这也只是在途中帮助船员了解如何向真正目标前进的一个点。他们又需要作另一项决定——是睡一觉放松一下或是继续前行，争取提早到达百慕大。

定位标是了解到达人生目标途中所有其他目标的极好方式。

1. 定位标帮助我们理性对待胜利和失败，让我们胜不骄、败不馁。我们只是不停地往前走，因为在我们用理想的生活方式支持我们的人生目标之前，我们实在算不上完成了什么。

2. 它们帮助我们应对目标设定中失衡的西方世界观。这让我们非常自然地认识到，我们不能以某个定位标的情况来衡量失败或成功。它只是我们前往目的地的道路上的一个点。

唯人生目标是瞻

用帆船航行来作比，对我有很好的启发作用，因为它帮助我正确设定目标。除了人生目标，我没有任何其他目标。其他任何事情都是沿路的一个定位标（目标的里程碑）。我对企业没有大目标，只有小目标（定位标）。我不能在我的企业经营目标上失败，因为它们是实现最终目标的唯一方法。如果我计划企业一年内增长20%，而实际只增长了15%，我并没有失败，我只是需要调整决策。我是想下一年稍微辛苦一点呢，还是干脆比原计划晚几个月实现目标？

如果我同样是计划下一年增长20%，而实际上增长了35%，那我就胜利了吗？不是！我只是要作出决定——下一年放慢一点或是保持这种加速增长以提早实现目标。

别再想这些短期目标。请关注你的人生目标，并设置到达那儿的定位标。你的定位标看上去会像你以前的年度"目标"，但是你与它们会有一种全新的关系，它们会非常自然且能激发斗志。我可以纵情追逐我的定位标，我知道它们只是检验点，告诉我在实现理想生活方式途中的情况。

如何设定人生目标

设定人生目标的最好办法是尽可能的快。不超过四小时，有可能的话，只花两到三个小时。我们以此为主题举行了三个半小时的研讨活动，其中只花90分钟来设定人生目标。

快速掠过这个过程是为了使你只专注重要的事情。现在不是苦思冥想每一种可能性的时候，而是要赶紧构思计划并写下来。

这就像我孩提时去12英里外的奶奶家的路上盯着乡村公路旁边看一样。汽车时速在40—50英里，路旁一切都看不清。但有些东西明显看得出——路过一条车道、邮箱的下端、电话亭的底部、一块大石头，等等。其余的都是一片模糊的绿色。你没有注意到个别的花朵或小石块，只发现大的东西。

开始行动吧！

爱尔兰的莫特·墨菲很是认同在此过程中我们使用了多年的诸多方

法。当你做这种练习时，请在车速为每小时 40 英里的情况下向路旁看。别想着坐下来仔细思考，而后得出结论。当你脑海中有想法时，立即写下来。不要分析其可行性或相关性，只要快速抓住要领，稍后再回头理清头绪。

我建议你将手机、手表或电脑作为计时器，从而让你不断前进。

第一步——描述你的价值观　　3—5 分钟

我们所做（无论是有意识的还是无意识的）的每一个决定都是受价值观驱动的。因此，要找出从长远来看什么对我们来说是真正重要的，最好的方式就是深入了解驱动我们的价值观。

只花 3—5 分钟读读下面列出的有关价值观的词，如有必要用个计时器。在阅读时，圈出那些似乎最能反映你的特征的词，那么你所持的价值观就跟这些最为接近了。它们都是良好的价值观，但哪些是属于你的呢？

然后，选择对你来说最重要的 10 个。说明一下，下页的建议只起个引导作用——你可以随意添加。

第一步（a）——弄清你的价值观　　2—3 分钟

完成上面步骤后，回头看一遍，并将所列的 10 个减少到 5 个。如果可以的话，减少到 3—5 个。

这是非常重要的练习，可让你关注那些属于你的人生目标的事情。

第二步——愿望和人生目标　　15 分钟

用第一步中得出的 3—5 个价值观以及下面的单词、短语和想法，将你想要成为的、想做的或你一生想拥有的事情记在便笺本上或空白的电脑文档中。这将成为一份可用的随机愿望表。

其中极少数会最终成为描述你的人生目标和理想生活方式的事情。我们只是还不知道哪些是，因而把所有事情都写下来，且不分析任何事情！只是写下来。

如果你用完了表上的内容，再回头看看你的价值观列表和下列单词、短语及想法，以激发更多的想法。继续提出想法，而不必仔细琢磨它们。在 15 分钟过后，如果你还有更多的东西要写下来，那么再花一两分钟。如果你提前完成了，好的，那就继续下一步。

成绩　自由　愉快

技能　灵活性　可预见性

进步　友谊　力量

冒险　成长　私人

喜爱　有家　公众服务

艺术　帮助他人　纯正

职权　帮助社会　乐于分享

平衡　和谐　承担风险

镇定　家庭　领导

挑战　友谊　学习

富有挑战的问题　诚实　承认

改变和变化　独立　宗教信仰

亲密关系　有影响的人　名誉

社会　正直　责任

能力　参与　尊重

竞争　智力状况　安全

遵从　独特性　信任

国家　舒适　自尊

创造力　位置　老练

果断　忠诚　稳定

民主　市场地位　状况

生态意识　有意义的工作　监督别人

经济安全　价值　时间自由

效力　金钱　真相

道德习惯　宽阔　智慧

优秀 整齐 在压力下工作

兴奋 个人发展 与他人合作

专业知识 快节奏生活 独自工作

挑战 经济收获 快速行事

激发你潜在人生目标的词语

家庭 工作 社区 原因 邻里 个人

我所愿望的是：

——对我

——对我重要的人

——对我重要的原因

我想要

——成为

——做

——拥有

……事情，物体，目标，理想，抱负，志向，希望，情感，价值观，美德，肯定的期望，盼望，渴望，欲望，我想要的合适状态，我想要取消的限制，我想要留下的遗产，我想要撤销的个人财产，我想要拥有的环境，我想有的经验，我希望取得的成就，兴趣爱好，我想拥有的玩具，我想要的旅行，我的个人健康，我想拥有的房子、船，慈善，我想加入的俱乐部，孩子的教育，退休，捐赠，服装，汽车，我想要的关系，无论是为自己还是为对我来说重要的人/和/或原因。

我想在生前做些什么？

在做这种练习中，还要注意拿破仑·希尔的"人生的12种财富"及下表中为什么将经济保障列为第十二，而不是第一：

1. 积极的态度　　2. 良好的健康状态　　3. 融洽的关系

4. 不畏惧　　　　5. 怀有成功的希望　　6. 信仰的能力

7. 分享/给予　　8. 心甘情愿做的工作　9. 不断学习

10. 自律   11. 通情达理的人   12. 经济保障

第三步——清理价值观列表   3—5分钟

花3—5分钟回头看看你的价值观列表，同时心里想一个问题：这跟之前的想法是一样的或是重复的吗？

第四步——明显较弱的愿望   3—5分钟

这是你对所写的内容作任何分析的第一点，不过即使在此，也要非常简略且有高度。在这里放慢了一点速度，但还没有走下车去看每个微小的细节。继续前进！

一旦你已对列表进行了一次大清理，再花3—5分钟，删掉那些明显较弱的愿望，以进一步缩短列表。删掉的这些愿望就是当你看到它们时，觉得它们没有意义（我之前怎么会写下来呢？），或者显然它不是你的人生目标或理想生活方式所须做的、成为的或拥有的。

第五步——确定较强的愿望   4—5分钟

在这一步中，对每个愿望做标注：

1. 强烈的愿望
2. 非常强烈的愿望
3. 不容置疑地或必须是你的人生目标或理想生活方式一部分。

第六步——必须拥有的   4—5分钟

再看一遍，并确定哪些是第五步之后还可以删掉的。看看是否有你一生中不必成为、去做或拥有的东西？如果有这样的，那么删掉它，只要不让你觉得是在削减"生活原材"。这样得出的就是一份真正强烈的愿望表。

第七步——分类　　5—7分钟

将那些真正强烈的愿望分成下列三类：

1. 要成为的
2. 要做的
3. 要拥有的

第八步——分组　　5—7分钟

是否有什么相似处可让你将其余的愿望列为一个组？例如，可能在
"要成为的"这项上面写着："要成为一个世界级的登山者"；在"要做
的"上面写着："攀登世界上最高的100座山"；在"要拥有的"上面
写着："在我的护照上有每一个有高山国家的印章。"所有这三项都清晰
表明只是一个登山的愿望。你可将它们编同一个号（在这三项旁边标上
"1"），并在旁边写下"1——登山。"

对愿望表上其余项目作同样的处理，看看能否将你的愿望减少到
3—5件事情。你不必在"要成为的"、"要做的"和"要拥有的"之间
寻求任何平衡，只要是能让你不断前行的愿望就行。

第九步——主旨/共同点　　5—7分钟

寻找共同点，寻找与其他愿望相关性很大的那些。例如，你可能有
登山、旅行和健身的愿望。这可能是一个愿望："攀登世界各地的山。"

第十步——解决冲突　　1—5分钟

如果你的一个愿望是想在海滩上度过你的余生，而另一个愿望是想
滑雪，那么你得解决这种冲突（尽管有一些地方能让你在那两者兼顾地
生活）。

88

第十一步——支持理想的生活方式　　2—5分钟

暂时搁置的愿望。

看看表上剩下的愿望，再问自己："这种事情是能够检验的吗？"如果有可能检验，那么将它移到旁边，因为这些都不是真正的人生目标，但它们极有可能会非常有助于你描述将来的理想生活方式。不要删掉它们，只需将它们移到一边。

第十二步——开始形成你的人生目标表（你的"百慕大"）

从剩下的无法检验的这些愿望中，你在缩减成短小段落或简明列表中的事情会看到什么呢？感觉那可能会是你人生目标中的两到四件事情（会给你生活带来重要意义）吗？

书写人生目标表

人生目标就是你和你的企业从生存到成功乃至有意义的发展过程。你的人生目标应该阐明：你希望你的生活产生怎样的意义，以及如何与你的企业共同影响你周围的世界。一旦你知道自己的人生目标，你就会清楚知道该如何利用你的企业来实现它。

让你的人生目标表尽可能地保持简短和难忘。最好是列出两到四件你想要成为、想做或想拥有的事情，这些事情永远不能在完成时进行检验。这不是在语言修辞上下工夫的时候，而是将那些"会改变你生活、让你每天早晨有起床动力、让你想建立一个在你度假时也在赚钱的企业的事情"写在纸上。

用下列问题来检查你的人生目标表：

1. 我的表上有价值观、经验以及为取得成功和对自己及周围的世界产生意义的方法（记住，第五阶段是成功的阶段，第六阶段则有意义，一个成熟的企业会让你得到这两者）。

这份列表不是有关耀眼的物质或生活方式的声明，而是有关核心价值观、贡献和无论什么情况下都会让你每天清早起床的愿望。

2. 这份列表是否能给我很大鼓舞？是我要到达的"百慕大"吗？如果你的人生目标不能让你兴奋，并促使你想弄清楚如何到达目的地，那么继续完善它。

3. 它能支撑我渡过难关吗？这的确是判别你的人生目标是否令人鼓舞的另一种方式。当事情发展不利时，它们能否支持你度过那几天或数周或数月？

4. 它们能否促使你想采取强有力的行动？你的人生目标不应该是挂在墙上的装饰品，而是可让你早上有一种紧迫感且清楚当天工作的一些事情。它们应该是提醒你追求理想的生活方式的大警钟。

请记住，那些可以进行检验的事情应是你的理想生活方式的一部分，否则就彻底放弃。这里有一份简表，上面是人们认为属于人生目标的事情，但可以最后对它们进行检验。

• 赚取 1000 万美元。你可以检验这个。"经济独立"可能是个人生目标，但我自己会把它当成理想生活方式的一种描述。但是，"经济独立"可能属于不明确的部分，因此，如果它能在早晨让你起床，那就将它当成一个人生目标。只是要记住，赚钱不是一个有动力的愿景。

• 拥有 6000 平方英尺的临湖房子，后院就是高尔夫球场的第 13 个球洞。同样，这个目标也可以进行检验，且更可能是支持"尽可能多在户外打高尔夫球和钓鱼"这一人生目标的理想生活方式的一部分。

• 在全球排名前 50 名的高尔夫球场打球。这是极好的定位标，但并不是人生目标。当你实现后，你应该问自己下一个目标是什么？那么，提出一个较为可持续的打高尔夫球的目标，如"余生与朋友一起体验户外运动和享有健康"。

• 当我离开人世时，留 10 万美元给当地慈善机构。你也可以检验这个目标。或者，你也许想要这样——"只要我活着，每月捐 2000 美元给当地的慈善机构，然后在我去世后捐出 10 万美元。此外，平时尽我所能多为慈善机构工作。"

得到反馈信息

让其他真正了解你的人看看你的人生目标表，问问他们是否与你感觉一样好，他们是否认为那些事情能够检验。你拿这些与别人分享得越多，目标就会越明显地适合你。

实例

我的人生目标表最初关注的是"让世界变得更好，在我死后会有100人说我这个人对其生活产生了重大影响，以及营造人人都想象我那样做的社会"。经过多年后，它已经变成"乐善好施，生活富足"。

最初的含义看似有点模糊，但当它演变成这句简短的话时，就变得更加清晰了。我能用15分钟准确地告诉你我为了实现它所需做的所有事情。

你的人生目标表也会变化。因此开始不必过于追求完善，只需写完并开始付诸实施，然后不断调整。

使之实用——这对我的日常生活意味着什么？

如果你知道自己想从生活中得到什么，但不知道在你的企业中需要采取哪些重要步骤来实现它，那么你是在盲目出击。我们要确保每天都是在向你要到达的"百慕大"前进。请记住，我们必须弄清楚如何让重要事也像急迫事那样紧迫。

决定你的理想生活方式

如果你已经很仔细地看了一遍你的人生目标表，那么现在可以开始弄清实现那些人生目标所需的理想生活方式。理想的生活方式是支持你那受价值观驱动的人生目标的有形资产；时间、金钱、精力和财产会让你实现目标。

例如，如果你想一年 12 个月都滑雪，你的理想生活方式可能不会是居住在海滩边，而可能是住在科罗拉多州的公寓或住在澳大利亚滑雪胜地的公寓。如果你想帮助肯尼亚的孩子们，你可能不需在蒙大拿州有所大房子。

杰利恩·普罗克斯迈尔来到"人生目标"研讨活动时认为她理想的生活方式是一所满屋子都是古董的大房子。由于我们通常在 20 多岁时就开始实现我们大部分的人生目标，她到 50 多岁时几乎都实现了。当她谈到自己的人生目标时，其中包括"今后几十年对孙辈的生活有重大影响"。

在说完这些之后，她又告诉小组成员说："但有点棘手的是，让我的孩子带我孙子到我家玩是件麻烦事。"在场的每一个人面面相觑，都想让别人先开口说话。最终有人大声说："你可能要想办法处置一下你的古董。"参加完此次活动后，她对理想的生活方式有了全新的认识——她打算卖掉现有的房子，买一所湖边的房子，为她的子女带孩子来奶奶家创造一个舒适的环境。她还打算用一个房间来存放她的古董。

打造理想生活方式需考虑的事情

1. 时间——我会怎样利用时间？我要做什么及要花多少时间在这上面？

2. 地点——你的理想生活方式要在哪儿实现？将时间分布在两个地方吗？住在东威斯康星州而周游全国吗？

3. 所需的金钱/物品——你需要多么大的开销、物质和差旅？房子、汽车、船、飞机、公寓、野营游乐车、差旅费（每年的费用乘以 20 年），非赢利/慈善捐助等，均按当时的价格估算，再加上每年 5% 的涨幅。

不要时刻在意

理想生活方式的成本会在你追求人生目标半年到一年后展现得更为明确。忍耐几个星期别去仔细研究它。如果你是非常注重细节的人，你会想那样做。不过，请等一段时间，要相信你的直觉——它比你想象的好得多。现在只需简单地估计一下——那成本很可能正好在你实际需要的范围内。

统计成本

统计那些支持你人生目标的理想生活方式所需的大件商品。

• 有意义事情上的成本预算——如果你有喜欢的非营利机构或者想建立一个,那么需要多少现金和后续的费用呢?如果你想为他人画画、写作、作曲或制造家具或建房子,那么又需要多少费用呢?

• 经验上的成本预算——作为你理想生活方式的一部分,需要什么样的教育、旅行、戏剧、高尔夫、爱好及其他方面的经验?这需要多少现金和持续成本呢?

• 物质/生活上的预算——为了满足你那有意义的事情和经验上的预算,你需要哪些实际物质?要有多少房屋、汽车、轮船、飞机?而且很重要的是,你会在哪些地方需要它们?地理位置对这些东西的成本会有很大影响,比如堪萨斯州、墨西哥和曼哈顿之间的差异就很大。你还应该将你的基本生活成本考虑进去。

为你的理想生活准备资金

支付未来的开销,至少有四种方式:

1. 储蓄——这是获得所需资金最不太可能的方式。

2. 借钱——如果你可以不断偿还,那么这会是个好主意。

3. 年金——除非你在 25 岁时就开始存钱,否则这是过上理想生活的最好方式。

4. 建立一个成熟企业——它可以让你享受理想生活几十年。

前两种方式属于较为传统的退休观,尤其是通过"储蓄"的方式。这就是在 60 多岁出现退休现象的原因之一,因为任何人以他们的方式都很难实现理想的生活。实际上,建立一个企业或创造年金收入比储蓄方式更容易获得足够的钱。我认为最好的方式是年金收入与成熟企业相结合。

年金收入

有多种方法可以创造年金收入。请记住我说过的，不存在"非工作收入"这样的事情，请将这个词从你的字典中去掉。我们还得一直注意、控制和管理我们的金钱。一旦我们开始认为任何事情会顺从自己的意愿发生时，那就身处麻烦之中了。

下面是年金收入的一些例子：

●房地产投资——如果你投资得当，产生了收入流，那么你可以通过房地产投资打下的良好年金收入基础。如果你能找到可信赖的人，你可以不必了解房地产而对它进行投资（认识在房地产行业工作的人！），而且比在股市投资的回报更好。

●股票市场投资——问题是，这也是一种储蓄形式，一般来讲，储蓄并不是一种很好的可支撑你未来生活的方式，除非你很早就开始储蓄，因为这需要大量时间来积攒这笔钱。但如果你有迈达斯国王的点石成金之术，你也许能加快这一过程。

●某些职业——如果你是一个理财师、保险代理人，或者有类似的持续年金收入的业务，那么你最终可以建立一大批仍需要你关注的业务，但无须像建立它们时那样耗费精力。

●对其他人的成功投资——这是一种赌博方式，但如果他们或他们的公司取得很大成功，那么你可以得到相当不错的回报。

●拥有自己的公司——这是我所知道的快速获得大额收入的最好方法。我认为，一个新办企业可以在 3 到 5 年内走向成熟，我见过很多人是这样成功的。我坚信，无积蓄的人其公司在 5 年后可以给他提供相当于将数百万美元存入银行得到的利息收入。

建立成熟的企业来资助你理想的生活方式

我的一位客户刚刚走出事业谷底。为实现他的理想生活方式，他准备从 45 岁开始每年储蓄 5 万美元，他希望到他 50 岁时实现理想的生活。但问题是，每年攒下 5 万美元也没有办法让他在五年内实现他的理想生活。那么，我们看看每年在他的企业再投资 5 万美元会得到怎样的回报？结果很可能是他的企业成长会给他带来数百万美元的投资回报。

拥有自己的公司是你快速实现目标的最好方式，而设定企业成熟日是确保你认真经营企业的最佳方式。

现金对比年金收入和/或企业收入

我们来看一些例子，看看利用年金收入再加上来自成熟企业源源不断的企业收入会多么容易让你实现理想的生活方式。为了很好地阐述这些例子，我作了两个假设：

1. 11 万美元源源不断的个人收入。

2. 50 万美元现金用于购置理想生活方式所需物品（小船、旅行车、公寓等）。

例一：5.5 万美元的年金收入（房地产，其他投资）和 110 万美元的企业售价。在这种情况下，你仍然需要 55.7 万美元现金储蓄，以弥补所需的 5.5 万美元年金收入，这可能是几百万或者是房地产或其他投资中的重大投资。

例二：8.8 万美元年金收入和仅 50 万美元的企业售价。在这种情况下，你的企业只需要卖 44 万美元且只需要 20.2 万美元的现金储蓄，你就可以过上你理想的生活。如果你的年金收入更多，那么现金需求就会显著减少。

例三：继续经营企业，让它发展到第六或第七阶段，让它支撑你的理想生活的同时享受经营它的乐趣。你需要较高的收入，24 万美元基本上能支付你用储蓄获得相同东西的抵押贷款，但这种情况下几乎没有存款要求了。

大多数的理想生活方式都是通过储蓄、年金收入、贷款和拥有或出售企业来共同实现的。下表详细列出了你的选择：

单位：万美元

	例一 出售企业	例二 出售企业	例三 保留企业
自由收入（财富）	11	11	24
现金收入（5%）	220	220	0
购买物品的现金	50	50	0
没有年金收入情况下所需的现金总额	283.2	283.2	0
年金收入（或企业收入）	5.5	8.8	24
出售企业所得现金	110	44	0
所需的长期储蓄（6%）	55.7	20.2	0

厚此薄彼

如果你能得到更高的年金收入，那么你可以减少所需的现金数额。由于有更高的偿还能力，你可以借更多的钱。或者你可以推迟开始你的理想生活，增加储蓄；由于你的贷款金额会比较小，所需年金收入的金额也会减少。

目前没有一个最好的方法。你必须做最让你舒服的事情。我知道有人全额购买房子，而有人只付最低的现金。由于我想用我的现金去购买其他资产，因此我在房子上所花的钱尽可能地少，不过这只是我的情况。另外，我总是付现金买二手车，因为我认为这是一种简单的贬值负债（不是贬值的资产）。其他人会只买新车，并一直等他们找到一个可低息贷款的汽车经销商。

然而，对于选择实现理想生活，最快的途径仍然是建立一个不断为你的生活提供资金来源的企业。

清晰、希望和风险

我知道这一切听起来似乎过于简单，但实际上也的确简单。在托尔金的《指环王》中，佛罗多爬上山第一次看到了末日火山。他的目标是将魔戒扔进火山的大火中，以防邪恶肆虐中土大陆。这座火山看上去小且遥远，摆在佛罗多面前的是许多险峻的高山、峡谷，还有各种邪恶的事情及未知的障碍。

佛罗多不知道他要如何战胜那些艰难险阻才能到达末日火山，但是这并不重要，因为他非常清楚自己的目标。他对几步之外的情况从来不了解，但对最终目标一直很明确。

如果我们知道自己想要去的地方，那么我们会弄清行程。请记住，目标清晰会产生承担风险所需的希望，而冒险会让你实现目标。

你的人生目标是什么呢？你需要什么样的理想生活方式来支持它们？你什么时候会到达你的企业成熟日，以便你能拥有理想的生活方式？如果你对要去哪里非常清楚，那么你会对如何去那里满怀激情。

总结你的人生目标/理想的生活方式

使用下列或某些类似事情将你的所有工作写在一页纸上。请记住，复杂是你的大敌。如果你最终得出几页"信息"，那么任何一页都不会改变你的生活。总结只需一页纸！

我将它贴在墙上，并做了个钱包大小的版本，以便我能随时看看它。每天当你从床上爬起来时，看看它！

名称 日期

个人愿景/人生目标概述

A. 你的人生目标（确定你的人生目标）：当完成时不能检验的一些事情（例如旅行、与孩子辈在一起的时间等）

B. 你的理想生活方式（忘记退休）（具体的理想生活方式）：当完成时能检验的一些事情（例如买房子、获得想要的收入等）

B5. 五年后的目标（在通往理想生活道路上的时间、金钱里程碑）（你的理想生活方式所需的资源）：

B4. 四年后的目标（根据上面 B5.）

B3. 两年后的目标（根据上面 B4.）

B2. 一年后的目标（根据上面 B3.）

B1. 本月的目标：（在通往理想生活道路上的下一个里程碑或下一个障碍是什么?）

致力于你的人生目标和理想生活方式——最重要的步骤

这个过程中最重要的部分（与其他部分一样重要）是：

1. 作决定

2. 设定一个日期

3. 公开

你应当采用下列形式或类似的方法来实现你的人生目标。写好，并裱好挂在墙上；做一个钱包大小的缩小版，放在床头。

1. 你想/需要何时（具体日期）拥有理想生活方式所需的资源，以实现你的人生目标？

2. 开始为人生目标而努力，你本月必须做的第一件事是什么？

3. 列出实现理想生活方式和人生目标的益处。

4. 列出没有实现理想生活方式和人生目标的负面影响。

5. 重点关注——花5—10分钟静静地仔细看你所写的某些内容。铭记其益处和负面影响，私下里努力追求目标并告诉自己那些是不容商榷的。没有什么，绝对没有什么能阻挡你前进的道路。

6. 每天审视你的目标、下一个目标定位点和益处及不利影响。

7. 想和感觉不会产生作用。行动产生想法和感觉。每天忽略你的感受，克服无动于衷的心情，去做你已经承诺要做的事情。向第一个定位标前进（上面的第二条）。

解决了时间、金钱和精力难题！

我真的非常感谢那个老伙计在过去30年间奉献的时间、金钱和精力。这促使我认识到摒弃退休的念头并代之以人生目标的重要性，从而让我今天的生活过得有意义，而不是等到我"退休"时。这也意味着享受今天的生活，而不是等到那时候。能将时间、金钱和精力相结合，这是人生有意义的一剂强效妙药。

企业中最重要的问题

大多数人在计划两个星期的假期上所花的时间，比弄明白什么事情会让他们的生活有意义及如何描述他们的人生目标所花的时间还多。正如亨利·大卫·梭罗所说的："大多数人都习惯于过着绝望的生活。"请不要成为大多数中的一员。知道自己在做什么并找到一个真正去建立企业的动机。

大胆地问"为什么？"这是企业创业者要自问的最重要的问题。

既然你有了人生目标，那么计划好如何利用你的企业来实现具有全新意义的目标。"核心目标"给了我们一个理由去创办企业，而"两位老板"会让我们不偏离实现目标的道路。为一号老板准备好了吗？他的确是一个非常简单的人。

第三部分

准备——发展成熟企业的主要工具

7. 经营企业的简单计划

好的企业领导者创造梦想，阐述梦想，热情地拥有梦想，并且不懈地去实现梦想。

——杰克·韦尔奇

你企业的存在是为了给你带来两种最珍贵的资源：时间和金钱。通常，我们认为经营企业只是为了金钱，但是正如我们所看到的，只有金钱并不能建立成功的企业。假如你的企业不能同时为你提供时间，那么期待通过企业来体现你的价值和意义几乎是不可能的，更不用说体现你的职员或者周边世界的价值了。为了经营企业而采用的任何计划都应该确保能为你带来更多的时间，而不只是更多的金钱。

我们会花光金钱，而实际上是花光了时间。不管我们多么努力，我们都不能控制时间——它总是在流逝。我们所能做的就是掌控事情的轻重缓急和如何利用有限的时间。如果我们只是利用企业来赚钱，那么我们很可能不能越过企业的第四阶段。如果我们利用企业来创造时间，那么对个人和企业来说，我们都行进在生存—成功—有意义的道路上。简单的企业经营计划将帮助你掌控事情的轻重缓急，帮你打造一个能同时带来时间和金钱的企业。

在第三章，我们说到为避免失去重心和被"急迫事"所误导，成功的企业需要三个外在因素：一个"核心目标"和两位"创业者"。激发因素就是这个"核心目标"或者你的人生目标。两个"创业者"就是一份战略规划书和一种外部监督。在深入讨论如何制定战略规划书之前，我们先快速回顾一下。

企业中最重要的问题

正如我们所看到的，企业中最重要的问题是"为什么"，在提出其他任何问题之后（何人、何事、何时、怎么样以及何地）都应该问问这个问题。它能揭示很多东西。当我们从战略角度（"为什么我要做这个?"）和在战术角度（"为什么我们要买那个闪光的物品?"）回答这个问题时，它会改变我们的企业方向。

这是最根本的领导问题。假如你未能经常思考这个问题，那么你不是在做领导工作。

企业中的第二个重要问题

在第四章我们已经说过，企业中的第二个重要问题是"何时"。我们就像躲避瘟疫一样避着它，因为当我们将它与其他问题联系在一起时（何人、何事、何地、为什么和怎么样），我们失去了对未来的掌控。我们现在不是掌控计划，而是被计划掌控着。在我们还需要进一步斟酌的时候，我们被动地采取行动执行计划。

我们的人生目标为我们寻找到"核心目标"。一份战略规划书帮助我们掌握"何时"的问题。一旦将头脑中的想法和计划写在纸上，那么它们就有了活力。当已经写在纸上而不只是停留在脑海中时，它们在我们主观性很强的时期就发挥较大作用了。

双管齐下

战略规划书也是双管齐下的重要推动力，其中不含任何日常的东西——不必包含这些东西。"急迫事"（我们每天必须去做的、现在能赚钱的事情）常会设法找到我们、烦扰我们。因此，所有"急迫事"必须放在一张常规的清单上。

战略规划书的目的是将"重要事"摆在面前，给予它们应有的重视——在某种程度上创造紧迫感。那些能帮助我们建设一个成熟企业的重要事情往往都很紧迫，只是它们并不以急迫的方式呈现。

就像需要时刻保持你的意志一样，这是急迫的事情，但它看起来从未那样急迫。企业中的所有重要事情同样如此。一份战略规划书帮助我们同时应付急迫事和重要事，以便我们能打造一个成熟企业。

请记住私营企业建立的四个基本要素。

人生目标是建立一个成功企业的首要基础。一旦我们清楚要从企业中得到什么，我们也就会思考如何去建设企业了。这就是所谓的目标清晰——只有清楚自己要去哪度假，我们才能整理行装。大多数创业者有产品、客户、雇员和基础设施，但对于为什么拥有它们或如何引导它们却没有清晰的思路。我们看到了人生目标是如何启动这个过程的。制定非常简单的经营企业的战略规划，这会推动企业发展。

在本章中，我们会看到如何制作一份两页纸的战略规划书，它会取代那种过时的商业计划书的概念，同时给我们提供一种能不断适应情况的动态工具。它可以帮助我们日常经营企业，也为我们提供非常清晰的发展方向，不是未来三年（我们不会使用它），而是未来一年、三个月和本月。

目标是什么？ 实现目标的成本是多少？	1. 人生目标与理想的生活方式
企业成熟日 战略规划书/实现目标所需的收入是多少？	2a. 企业成熟日 2b. 战略规划书（两页）
实施规划和产生收入的流程	3. 流程图及流程描述
企业的外部监督	4. 行业协会、行业咨询师/顾问

为什么商业计划书不起作用

在为一些大公司工作的数年中，我亲历过好几次令人痛苦的商业计划制订过程。我们都是在1月份花两个星期通过各种提议（在这之后的一年内，我从未了解其中一点！），生成厚厚的24页的文件，装订在精致的活页夹中，然后束之高阁，一年也想不起它来，一直到第二年我们再开始制订计划。不过，这让那些领导觉得我们确实是在为未来做计划。

　　我建议你此生再也不要做这样的商业计划书，除非你得去争取获得贷款，总之，经营企业是绝对不需要那样做的。没有谁用商业计划书去经营其企业（至少我没有遇到过，别人也没有遇到过）。商业计划书是非常死板的。它计划到了每一分钱，未来 12 个月中的每个显眼的目标都包含在里面。如果你忘记了某些必须做的事情，或者没有看到它，那就太糟糕了。毕竟，我们不在乎有效率，而在乎遵循一个既定的计划。如果我们改变计划，那就显示出我们当初制订计划是多么的不称职。

　　很显然，如果商业计划书有任何价值，那会是每周都提及它，每月进行更新，且每个季度对它作重大修订。在 9 个月之后，会再看看它，然后放回原处，一直到 12 个月；这样，我们实际上一直在做短期的未来计划，而从不限定在某个计划上。

　　如果你用一份简短的两页纸的战略规划书替代商业计划书的概念，那么你的境况会好得多。

一份两页纸的战略规划书——1 号创业者

　　一份战略规划书在一年中得每周评审、每月修订、每季更新，然后放回原处。它是一份为期 12 个月不断变化的计划，你每天用它来经营企业。它就是你的创业者。像其他任何生物一样，它是动态的，不断演变的，永不停滞，也不一直摆在书架上。如果只是两页纸，就算想立在架子上都不能。

　　第一页完全是战略性的——为什么经营企业，你想要对周围世界产生什么样的影响，你赚钱的方式是什么。

　　第二页完全是策略性的——列出为了打造一家你不在场也在赚钱的企业，你接下来 12 个月要做的事情。然后将它细分成接下来三个月要做的事情，然后，你这个月必须做的事情也显示出来了，如此进行下去。这就是三个简单的部分。

　　现在，你会首次看到企业每月朝那些长期但模糊的目标迈进的真实进展。请记住第六章所说的——清晰带来希望，希望可缓解风险，并让我们去采取行动。我们的战略规划书有助于提供这种清晰。

　　下面简要地列出了从战略上打造一个在你度假时也能赚钱的企业必

须做的每件事情。

战略规划书概览

企业战略是什么？它不是商业计划，而是让你的企业每天运转的东西！

愿景 价值观	为什么？ 广义的，非具体的
企业成熟日 人生目标、结束日期	何时？ 具体的
使命 结果（你的客户体验，你前进的命令）	是什么？ 具体的，可衡量的
战略 我们如何赚钱	怎样？ 我们如何领导
为期12个月的目标 度量/衡量具体的/策略上的 你的里程碑：可衡量的是什么？	是什么/何时？ 时间表　数字　结果 每个目标何时实现？
季度行动计划 执行为期12个月的目标	是什么/何时？
月度行动计划 执行季度目标	是什么/何时？

必要的等级

战略规划要依照上述等级有目的地制定。你得不断完善你的愿景描述。这是战略规划最难的部分（然而，你最初阐述时不应超过15—20分钟），但所有事情都以它为出发点。使命陈述是第二大难的部分（不是所有的都那么难），但它表明了你的战略。

到你制定战略时，你就会知道战略方向，它们也能帮助你决定未来12个月的目标。一旦你有了12个月的目标，该计划就会告诉你，为打造一个在你外出度假时仍在赚钱的企业，你这个月该做些什么。

每天利用战略规划书来经营企业

每周——每周一次，用15—30分钟来拟订一周的行动纲要。

每月——每月回顾月目标，以完成季度目标。

每季——每季一次，提出不同于原为期 12 个月的计划。

每年——回顾你的整个计划。

言辞简洁

对制定一份战略规划书来说，言辞简洁是极其重要的。我们只需要提出正确的问题，并给出令人满意的答案，因为我们会常常去修订它，使之与企业中实际发生的事情相符。

当完成战略规划书时（又一次，基本计划不得超过两页纸），你应能够在 3 分钟之内说出你的愿景、使命、战略和 12 个月的目标。如果你不能，那么你是讲了太多细节，你很可能会尽快停止利用你制订的该计划。

拒绝、拒绝、拒绝包含许多细节的强烈愿望！一份好的战略规划书会描述在月末你需要的主要结果。依此，你可以制定你认为完成该目标所需的所有细节。只是这些细节不包含在战略规划书中。

开始行动

商业计划书是为银行准备的。战略规划书是用于实际经营企业的——它就像一个指南针，在森林中没有它，你就会迷失方向。

制定一份好的战略规划书有三个方针：

1. 在 4—8 小时内完成——不要拖拉，一直写，并征求别人意见。

2. 让每一行尽可能地短。

3. 这不是商业计划书；它是战略规划书——动态、有活力和统领一切的！

每周　　每周评审行动计划

每月　　每月评审和更新目标

每季　　每季评审和更新战略

每年　　每年评审使命/愿景

下文列出了制定一份简单的两页纸战略规划书的过程。

制作两页的战略规划书指南

利用下面这个战略规划书模板的例子，你会做出一份你喜欢的战略规划书来。

战略规划书第一页

愿景、使命、战略

总体概要

概要　　几十个字　　10—15 分钟

这是对你正确思维的重要热身练习。回答下列问题：

1. 你要处于什么样的位置？
2. 你为谁服务（目标市场）？
3. 你提供什么东西（概述产品/服务）？
4. 是什么让你的业务可行？人们为什么要买你的东西？

例如，你可以说："我看到了下列机会……""人们需要我们的东西，因为……""我们的市场是 X，我们做好 X 且我们特别专注于 X（我们的合适位置），或者有某个专注点，提供 X 服务……"

这就是我写的总体概况："我们为小到中型企业的创业者服务，帮助他们在更少的时间内赚到更多的钱（每小时收益），摆脱枯燥的赚钱游戏，拥有一个能实现他们人生目标的成熟企业。我们有两条路线——微型企业的创业者需要提高收入，有雇员的中小型企业创业者需要落实企业的七个要素。"

总体概要不是为公众看的。如果你知道它的意义，那就很好。当你编写战略规划书的其余部分时，它会派上用场，并且会为你的市场计划提供指导。

你的不同

细分　　几十个字　　10—15 分钟

这是第二大重要的热身练习。这与前面的总体概要都将为后面的一切奠定基础——愿景、使命和将来营销及广告活动的战略。

是什么让你不同于下一个与你提供同样东西的人呢？在当地市场，你有其他任何人无可媲美的东西吗？你不必拥有很多让你特别的东西，只要有一样是其他人没有的就够了。是你的个性化服务，还是你的独特产品，还是你的经验或你的位置？

找出一样独一无二的东西，记下来。这就是你的不同。

例如：我们只做楼梯，不做其他室内装饰。我们是当地的行家。或者，我们针对某个行业的客户，不管其他……

下面是我的不同：

1. 我们提供服务，不销售产品。
2. 我们生活在一个丰富的世界，而非一个贫乏的世界。
3. 客户的需求支配着所有有关他们的决定。
4. 我们的服务基于结果，而非教育。
5. 我们与客户同在一条战线。
6. 我们评测为实现目标的成长和进步。
7. 我们依照定量的企业规则行事，而不是笼统的企业规则。

你的愿景陈述

愿景　　30 个字以内　　15—60 分钟

回答"为什么？"这个问题

（恰当回答你经营企业的目的）

向前一步

在作愿景陈述之前，请阅读有关愿景的这部分和有关愿景陈述的下部分。了解这两个方面有助于你清楚它们之间的不同。人们常常将愿景和使命混淆了，而它们在我的战略规划书中是分开的。首先阅读这两部分会帮助你更好地编写它们。

愿景反映你和你的公司

相比客户来说，愿景陈述对你更为重要。它对你经营企业是一种长期的激励；它涉及你的价值观、你的热情、你那包罗万象和持续的贡献或精神财富。它直接关系到你的"核心目标"，并有助于你将企业从成功发展到有意义的阶段。它不必准确地表明你公司做什么，但它表达了你希望它对周围世界带来长期的影响。

例如，一家制作相册或者摄影设备的公司，其好的愿景陈述可能会是"怀念"。它不是完全地描述产品，但表达了产品的作用。

你的愿景陈述越短，效果越好。我的就是"乐善好施，生活富足"。我能在任何企业中体现这一点，但我非常清楚它对我的企业而言意味着什么，并且它让我每天早上及时起床。

写下"价值观"这个词。你会以你的愿景所产生、坚持、宣扬的价值观来衡量企业的成功。

你若准备写愿景，需要考虑下列一些事项：

1. 你想要一家什么样的公司？

2. 你希望别人怎么记住你？

3. 你在当地或区域、全国或国际上会有什么样的影响？

4. 你对企业真正感兴趣的是什么，产品/服务对你、对员工和对客户来说会有什么意义？

5. 如果别人评价你的公司，他们会用诚实、正直、享受生活、有道德、有服务精神、有希望、圆满的这些好的词语吗？

在企业经营期间，应一直保持你的愿景陈述。不要担心是否完善的问题——你可以在下月/季进行修订。我们开始行动吧！

"乐善好施，生活富足"

这是我的愿景陈述。它意味着我期望创业者及其企业能从奇思妙想集团受益匪浅；意味着将会改变他们的生活及事业，而且他们非常乐意为此花钱回报我们的服务；它也意味着我期望通过提供这些服务获得惬意的生活，而且由于我们的企业成长，我们可以为其他人的生活及事业发展创造更多资源。

其他企业的收入增加也会让我们的收入增加，然后做得更好，这就形成了一个不断发展的良性循环。对别人的生活及其企业发展不断产生好的影响，这对我来说是一种极大的激励。它让我每天早上有起床的动力，助我前行，也让艰难时刻有了深意，而光赚钱不会带来这些的。

是什么让你和你公司的每个人早上起床，并开车去上班的呢？别人会告诉你什么样的故事，以及除了你提供给他们的产品或服务之外，你的企业对他们生活有什么样的影响？你是卖胶卷呢，还是铸成一些记忆？没有愿景，你就只是在卖胶卷。

你的企业成熟日

企业成熟日　　几十个字　　8—36 小时
回答"何时"这个问题

怎样计算企业成熟日可参见第四章。企业成熟日就是你的愿景的明确表现，是清晰的最后结果。我说战略规划书只需花几个小时就可以制订，那是因为我假定你已经确定了企业成熟日，且勾勒了到那时你企业的模样，以及你将如何庆祝等。

如果你还没有做到这些，那么先别往下阅读了，返回看第四章，然后确定企业成熟日。只有你真正设定了企业成熟日，本书的其他部分才起作用。因此，我们会假定你已经设有企业成熟日。

我的企业成熟日是：2011 年 2 月 18 日上午 10 时。企业处于 6—7阶段（继续发展；由其他人经营企业）每年多少美元年金收入——每月捐多少美元。下午 6 点 10 分离开丹佛；2011 年 2 月 20 日上午 7 点 25

分到达新西兰的奥克兰，机票费用为 2880 美元；住宿和交通费用为 4000 美元；餐饮费用 2200 美元；娱乐消费 3500 美元；共计 12580 美元。

新西兰之行的安排切实让我感觉到企业成熟日的真实存在，并且敦促我不断努力。我鼓励你也找出一些可让你感觉到企业成熟日真实存在且有紧迫感的方式。

使命陈述

使命　　60 个字以内　　10—60 分钟

回答"是什么"这个问题

（答案涵盖你的整个经营期）

你的使命陈述完全不同于你的愿景陈述。愿景陈述是基于价值观，是笼统的，也许还有一点神秘感，但一定是针对动机的。虽然你也公开了你的愿景，但它并不是为公众准备的——他们也不在意它。

你的使命陈述非常明确，常常旨在与你的客户、员工、社区人员及任何愿意倾听的人共享。它是非常具体的，不像愿景陈述那样笼统。

使命陈述有如下四个方面：

1. 它们是你的前进命令。

2. 它们是以结果为基础（而不是以过程或特征为基础——以结果！）。

3. 人们在读了你的使命陈述之后就知道你经营的企业是什么样的。

4. 人们读它就可知道你是否在履行你的使命——它是一种自我评测。

使命回答了你企业的大问题：我要做什么？

利文斯和克拉克都是了不起的探险家，他们非常清楚如何找到穿过西北部到达太平洋的通道。如果他们如今要写愿景陈述（假设他们已经看过《星际旅行》的片段），那么他们的愿景陈述可能会是："去从未有人去过的地方。"

不必告诉你他们做什么，也不会写下他们做什么。他们知道使命意味着什么——他们本质上是先驱，且每天清早起床从去发现别人会避开的地方中获得巨大快乐。

但他们写给其客户（美国政府）的使命陈述读起来会像是这样："去发现一条通过西北部到达太平洋的通道，为子孙后代开路。"

它是如何应付下面这四个简单的问题呢？在读完他们的使命陈述之后，你知道不存在问题：

1. 他们的前进命令：寻找一条通过西北部通向海洋的道路。

2. 他们会获得客户的结果是：寻找一条通过西北部通向海洋的道路并标识出来。

如果你是美国政府（他们的客户），在读完这些信息之后，你知道：

3. 他们从事的是什么工作：开拓新领地且勘测标识这些领地。

如果他们完成使命：

4. 他们发现一条通道并勘测了吗？是。

——你会以你的客户体验、他们所获得和接收到的东西来衡量使命的成败。

再说，愿景是你"为什么"存在（你的动因）；使命是你作为一家公司实际上将从事的"什么事情"；而结果是你为你自己及客户提供的东西。

当读完你的愿景陈述时，他们应当知道你的动机是什么。但当他们读完你的使命陈述时，他们应当准确知道他们会从与你的合作中得到什么。愿景陈述讲的是你及你的公司；而使命陈述讲的是你的客户及你会给他们带来的结果。

愿景	使命
基于价值观	基于行动
你为什么存在	你所从事的事情
笼统	具体
关于你	关于你的客户
有关动机的	前进命令
笼统或虚的结果	具体的产品或服务的结果

我的使命陈述

这是我的使命陈述，在经过这些年之后，我仍会缩短它（战略规划书是灵活的和动态的——应当不断进行调整！）："帮助创业者以更少的时间赚得更多的钱，摆脱枯燥的工作，并重拾创业之初的热情，以便他们建设一个能实现其人生目标的成熟企业。"

这比以前的陈述简短了，不过如果能用一二十个字来描述，我会更加喜欢。将来某一天，我会知道如何去做，也仍然会清楚地表达我们的客户将从奇思妙想集团所获得的东西。

不是过程，只是结果！

请注意，我的使命陈述表明了我让客户获得的五种结果，但不涉及我是如何让他们获得这些结果的。我们经常犯这样的错误——我们拼命地要告诉别人我们是"怎么"做的，而在告诉他们会得到的"结果"之前，他们根本不关心我们所做的。如果某人对我使命陈述中所列的5种结果中的某一个或多个感兴趣，那么我们就会跟他们谈我怎样让他们得到那种结果。

为期1—3年的战略

战略　　20—50个字　　　每项花5—10分钟
回答"如何"这个问题
（为接下来的1—3年）

现在，你有动力十足的愿景陈述和目标明确的使命陈述作为前进的命令，剩下的工作就会越来越容易，且越来越讲究战术了。我们制定战略规划书的每一步都让我们更接近为实现目标（打造一个在我们度假时也在赚钱的企业）现今需要去做的事情。

战略规划书中的战略回答了两个"怎样"问题：

1. 你怎样赚钱（产品、服务、营销战略、留住客户的战略以及经营原则)？

2. 你怎样领导你的公司、员工，以及如何引导你的客户？你要建立什么样的文化（1—2 种战略）？

重点应在你怎样赚钱上，你只需要用一两种战略来应付如何领导的问题。在某些情况下，"你怎样赚钱"会让"你怎样引导客户和怎样领导你的公司"这两个问题变得清晰起来。

你的战略就是你的收入流和你的领导能力，就这么简单，犯不着苦恼。

我在前面介绍战略规划书中讲过等级，但在你着手制定规划书时，很有必要重述一遍。战略规划书中的每件事情都以之前的所有事情为基础。这就是为什么我们要尽早做准备。我们还要做大量相关工作补充先前的部分，以确保你不是只写了一些与你的企业无关的话。

当你制定战略时，你有可能会列出一些你想在企业中做的有趣事情。这主意可不好！你还是想想企业的七个要素——无论你关注与否，这七件主要的事情都会在你的企业中存在。可能的情况是，我们关注真正喜欢的两到三个要素，而忽视其他要素。用这种方法，我们的企业永远也不会成长起来。这就像希望只做做引体向上就能练出完美身材一样。战略规划书中需要的平衡跟生活中处处需要的平衡一样。

阅读第五章了解更多有关七要素的内容——以便于你制定战略，下面也将它们列出来：

1. 愿景和领导
2. 业务开发、研究
3. 经营、交付
4. 融资、会计
5. 客户满意度
6. 员工满意度
7. 社区、家庭和自己（你的企业对周围产生什么样的影响？）

你可能对七要素中某个要素有一到三项战略，而对其他要素则没有战略或只有一项战略，但当你制定赚钱和领导方略时，得全盘考虑。我并不是要你对七要素中的每个都有一项战略——在许多情况下，对某些要素你没有制定战略，因为你处在企业中。但是，你至少得考虑如下内容：

    1. 愿景和领导

    2. 业务开发、研究

    3. 经营、交付

    4. 财务、会计

下面是一些需考虑的其他问题：

● 你的主要目标市场是谁？只需泛泛描述到达目标市场的战略。

● 你的收入来源是什么——产品或服务（这是企业发展和运营要素的综合产物）？

● 完成这些过程、产品或得到结果的简要战略是什么？

● 我如何将客户变成执著的追随者（客户满意过程）？

● 你如何成为最佳雇主（员工满意）？

● 你如何影响你的生活方式，如何影响你的社区人员以及员工的生活方式？

关键是确保你的战略都是有助于你赚更多钱和/或引导你的客户和你的公司的。如果某项战略没有投资回报，那么你只是在胡乱折腾，你得放弃它。

所有战略都会随着时间而变化的，通常持续一到三年。"你怎样赚钱"会随市场而变，也会随你水平的提高而变，因此尽可能地坚持使用少量战略。在此重复一下，这并不是要发现每块可能存在的宝石，而是只要完成七件事中能明确让你赚钱的前四件就可以了，而其中前两件事有助于你领导客户和公司发展。

在制定好战略之后，用下列问题来考问其中的每项战略：

1. 这会直接或间接地帮助我赚钱吗？

2. 这会帮助我领导公司吗？

一旦你列出了各项战略，再回顾企业的七要素，以确保战略中包含了打造一个成熟企业所需做的任何事情。

现在，我们通过一个实例来让它充实一点。假设我们在讨论七要素，准备开始讨论融资或会计核算，那么我们自问的第一个问题就是："财务或会计核算会怎样帮助我赚钱呢？"

以一家不断发展的网站设计公司为例，即使它看似有不错的收入，但经过分析之后，他们认识到将要开始一个项目，照目前的情况，公司会因没有完成的拷贝或设计工作而造成资金"严重停滞"。由于不能完成这些项目，因而加大了公司的应收账款。在某些情况下，在项目完成之前，客户甚至会利用未完项目进一步拖延付款，这会更加牵掣网站设计公司。

该公司认为解决这个问题的好战略就是，"将应收账款的期限从 60 天以上缩短为 30 天以内"。为了实现这一点，他们开始要求在开始网站项目之前，所有设计和拷贝工作都必须已经掌握。这个战略见效了！它消除了资金"严重停滞"的状况，形成了良好的现金流，甚至帮助大多数客户更加快速有序地发展。

实施缩短应收账款的财务/会计核算战略改变了他们经营企业的方式。

这都是我的战略，不过在你阅读时已经发生了很大改变。

请注意，我是如何将每种战略与企业的七要素联系起来的。你应当让你描述战略的句子比我的还简短。我可以袖手旁观了，但如果要让自己使用更少的文字描述，也会是较容易的事情。

奇思妙想集团

第一页——愿景、使命、战略　　更新日期：　　年　月　日

我们的愿景　　乐善好施，生活富足

企业成熟的情形及日期：2011 年 2 月 18 日上午 10 时。企业处于第六至第七阶段（继续发展和提供服务；由他人经营企业）。年收入 XXX 美元，每月 X 美元用于慈善事业。下午 6 点 10 分离开丹佛，2011 年 2 月 20 日早上 7 点 25 分到达奥克兰，机票价格为 2880 美元；住宿和交通费用为 4000 美元；餐饮费用为 2200 美元；娱乐费用为 3500 美元，共计为 12580 美元。

我们的使命帮助创业者以更少的时间赚得更多的钱，重拾创业之初的热情，以便他们能建立一个实现他们的人生目标的成熟企业。

我们的战略

（1）间接收入——BLI 午餐会和公开模式——为创业者提供一个参

与并取得成功的平台。邀请每个人参与所有事情。乐善好施，生活富足。第 1、2、5 和 7 要素。

（2）直接收入——策划——行业顾问、咨询建议；一对一咨询或顾问——给予指导、表明意向、建立关系。第 1、3、5 和 6 要素。

（3）直接收入——DYI 挑战（设立"速成班"）与"速成班"——在 90 天内让你的收入翻一番，第 1—3 个要素；实时跟踪——建立成功企业的基础。

（4）直接收入——研讨活动——a. 人生目标，b. 战略规划研讨活动——3—5 年内成为成熟企业，c. 制作流程图，d. 国际性的企业成熟日演讲。第 1—7 要素。

（5）直接收入——策划、"速成班"、一对一咨询、研讨活动。第 1、5、6 和 7 要素。

（6）直接收入——在线产品或服务——顶点特性概况评估、战略规划、管理制度、速成班及其他。第 1—7 要素。

（7）间接收入——关系营销——a. 营造崇拜氛围，b. 人际关系的可靠性、动机、关系，c. 认真地基于结果的期望；将企业发展成熟，帮助解决问题，d. 博客、社交网络。第 1、2、5 和 7 要素。

（8）直接收入——写作——a. 不良计划，b. 3—5 项挑战，c. 企业为何失败，d. 顶点特性概况评估。第 1、2、5 和 7 要素。

（9）我们以经验而非知识领先。社区、意向、人生目标、企业成熟日、战略规划书、办法要点、服务而非推销、立即执行且不断完善、基于结果的第六或第七阶段、每小时收益、重要事、清晰/希望/风险、高空荡秋千时刻。第 1—7 要素。

（10）每个新领域都有创业成功的机会，但在没有自身证明经济上可行之前，不要贸然行事。第 1—4 要素。

战略规划书第二页

每年、每月和每季的目标

战略规划书的第二页完全不同于第一页。这一页全是可衡量的东西，时间表、数字、日期和其他描述符号，这些清楚表明了必须完成的事情以及在什么时候完成。战略规划书的这部分开始将重要事提上日程，并且与急于赚钱的事情一样对待。本页对我们实施双管齐下的措施（在我们今天赚钱的同时建立一家将来赚钱的企业）来说是最好的帮助。

我每个星期花5—10分钟回顾一下战略规划书中第二页中的月度目标部分，每个月花一小时回顾季度目标，每个季度花1—2小时回顾年度目标。这很少的时间投入可非常清晰地了解我要做的事情。

在此无急迫事！

非常重要的一点是，你的战略规划书中不存在急迫事（鲜有例外情形）。你如何认识到什么是急迫事？如果某个战略、目标或行动能帮助你在下个月赚钱，但不能帮助你打造一个能更持久赚钱的企业，那么它可能不在战略规划书的范围之内。

比如说，我下个月需要变更我的研讨活动地点。我该将这件事写在我的战略规划书的第二页上吗？显然不要，这件事只帮助我现在赚钱。这一举动无益于我打造一个在我度假时也在赚钱的企业。但是，如果我需要评估这次研讨活动，看哪些方面对企业最有帮助且得到了最好的回应，那么这应当写入战略规划书，因为这很显然会帮助我今后在这件事上以更少的时间赚更多的钱。

由于你不能忽视急迫事，你得将它们安排在某处。我将它们记在任务单上，以 A、B 和 C 来标示出优先顺序，以确保我先做最紧迫的事情。这些事情会来找我，因此我不必坐等，我只需设定应付它们的优先顺序，并按此顺序去完成。

为期 12 个月的目标

目标　　50 字以内　　每个目标花 30 分钟

回答"是什么或什么时候"的问题

（适用于接下来的 12 个月）

为期 12 个月的目标不同于大多数的商业计划书，它不是凭空做出的决定。错误的问题（大多数商业计划书中常用的一个）是"那么，你认为我们今年应该让企业成长到怎样的状况？"，对的问题是"根据我们的企业成熟日和第一页上的赚钱办法，今年我们要达到什么地点/里程碑，以保持我们沿着路线不断前进。"

回答企业经营中最重要的两个问题——为什么和什么时候

这一页会回答这两个问题，它也会改变我们衡量的每件事情。不要期望企业有12%的增长，因为那是一些特大型企业去年的业绩，我们所做的事情有真实的原因、真实的动机和真实的数字。这是因为我们不只是在回答这个问题（"我们的增长率是多少？"），而是在回答更重要的"为什么"的问题（"为什么我们需要那种具体的增长？"）和"什么时候"的问题（"当然，为保持我们在不断奔向企业成熟日"）。

再说，战略规划书中所有相关的事情都支持其上面所写的内容。商业计划书中的一个问题是，愿景、使命、战略和目标通常都只是死板地写在纸上，互相没什么关联，好像这种目标只是为了填表，而不是制定一个有意义、有意向的整体计划。愿景和企业成熟日体现了我们的使命，我们的使命体现了我们的战略，而所有这些体现了我们的目标。

因此，当整合目标时，你要问的第一个问题就是"为正常实现企业成熟日，今年我们需要完成多少目标？"如果你的企业成熟日在5年后，那么你可以除以5，不过这有点太简单化了。借鉴托尼·罗宾斯所说的可能更好，他说："我们高估在一个月内我们能做的事情，低估在一年内我们能做的事情。"

对为期5年的目标也同样如此。你可能在第一年内完成的增长目标较少，随后日益提高，一直到第5年完成目标。因此，在最后一年，你可能完成的目标只占5年目标的10%，但在这第5年里，你可以增长30%以弥补它。我们常常在创业之初耗费了太多资源——在决定未来一年中要完成的目标时，请记住这一点。

一旦你有某个具体的增长"定位标"（请记住，这不是一个目标——你只有人生目标），它就可以是你最先书写的年度目标。

目标和战略

就战略规划书、目标和战略各自的目的而言，它们大不相同。战略是讲我们该怎样赚钱及如何领导。它没有明确的指标或与之相关的数字。

此外，"目标"应当是可以衡量的，用数字可以清楚表明期望达到什么样的结果。"目标"回答了"什么"和"何时"这两个问题。

我们要经得住所有诱惑，以目标作为我们上述"急迫事"的清单。只有有目标，才会帮助你打造一个在你外出度假时也在赚钱的企业。如果目标只能帮助你现在赚较多的钱，而不能让你摆脱生产，那么将它列在除其他所有"急迫事"之外的"要做的事"清单上。

不要因那些随时来找你的事情打乱你的战略规划。我们只要那些不起眼但从未完成的事情。

定位标（或里程碑）

请记住，你的年度目标是你沿路到达企业成熟日的定位标。每个目标"必须"有相应的完成日期（少数例外情况：如果你有某个指标，如"保持《客户满意度调查表》中所示的95%的客户满意度"，那么实现这个目标的日期就会是"持续的"）。对于年度目标部分，你应当从现在开始尽可能多地设定目标日期。

你偶尔会有一些为期9个月、7个月或5个月的目标。如果它们不能真正适合季度目标，那么就此打住。

利用下列问题来帮助你更明确地制定目标：

● 你今年的成长目标是什么（这也回答了"何时"这个问题）？

● 你需要什么样的新基础设施或员工等？何时需要他们？

● 你每项主要产品或服务的收入分目标是怎样的？何时实现它们？

● 你的客户服务、员工满意度和社区/家庭/自我计划是怎样的？你要用什么样的指标来衡量这些结果，以及你需要到什么时候达到这些指标？

● 今年你有什么具体的大事（写一本书、开设网店等）？什么时候开始和正常运行？又有什么样的指标来证明你得到了你想要的结果？

● 你需要绘制什么样的流程图，以及相应的时间？

● 以__将利润率从__%增长到__%？

● 员工保留率以__每年从__%增加到__%？

此外，在制定目标时，请记住下面的内容：

● 具体的或策略性项目（帮助你打造一个成熟企业）

● 时间表

● 数字

● 指标或衡量值

● 结果

写完每个目标之后，核对上面所列的内容，确保你没有偏离正确的目标。参考"每月行动计划"的结尾部分的例子，看看我是怎样做的。

相互关联——非常重要！

确保你所写的战略规划书是整体的，且有意义的，这一点是关键。写下目标之后，就每项战略（从1号到X号）将那些目标联系起来，确保你的目标涵盖了所有战略。如果没有的话，那么找出一个非常妥当的理由来。从本章结尾处的一个例子可看出这种相互关系所起的作用——你会注意到目标 A 到 H 左边的小数字，那就是对应的战略。

请记住，只有有助于实施战略的目标才是目标，只有有助于实现你的使命、愿景和企业成熟日的战略才是战略。请确保它们都是在帮助你实现理想！

季度行动计划

每季　　50 字以内　　每个计划 5—15 分钟

回答"是什么或何时"的问题

（适于将来三个月）

可衡量的　　具体的　　时间表　　数字　　结果

现在我们开始讨论实质性的问题。"重要事"变得近了，而且也变得有点紧迫了。季度目标的制定应当非常容易，因为这是以年度目标为基础的。

1. 看看第一个年度目标并问自己："这个季度我是否需要做什么来

实现它呢?"许多年度目标要求我们关注季度或月度目标,不要等到 12 月份才开始动手!如果年度目标需要花 12 个月完成,那么你需要在接下来的 3 个月内完成其 1/4。算算你能够完成的四分之一目标,并因此制定季度行动计划。

2. 制定季度行动计划,帮助你完成第一个年度目标。

3. 对每个年度目标都这样执行。对每个年度目标,你不会每季度都有目标要完成——有些目标可以过多几个月才去关注它。只要确保在 12 月份这些目标都应当完成之前,你已开始行动了。

4. 将年度目标与战略联系起来,以确保你没有漏掉什么。

请注意月度行动计划结尾部分的例子。你会注意到它与年度目标和季度行动计划之间的巨大差异。在季度行动计划中,我们为每项季度任务指定一个负责人,以确保它能完成。

你也会注意到我们将季度行动与相应的年度目标联系起来。在季度行动计划中,你可能不会涵盖所有年度目标,但你要确保你没有漏掉近期需要注意的某些事情。

月度行动计划

每月　　50 字以内　　每个计划 5—15 分钟
回答"什么或何时"的问题
(适于将来一个月)
可衡量的具体的时间表数字结果!

"重要事"最终成了急迫的了!我们的计划今天终于实现了!那些帮助我们打造成熟企业的"重要事"现在变得清晰了,且也赋予了某种程度的紧迫性。我们现在知道,这个月需要做的会帮助我们完成下季度需要完成的目标,因此我们能完成年度目标,从而能以一年多少美元更接近企业成熟日期。

1. 看看第一个季度行动计划,然后问自己:"这个月我是否需要做什么来实现它呢?"不要等到第三个月才开始需要三个月才能完成的季度行动。将它们分成三个"月行动计划"!

2. 重复执行所有季度行动计划。

3. 建立联系。

打印战略规划书，并每个星期以这种年度、季度、月度计划来评审。

下面是奇思妙想集团的战略规划书的第二页内容。

第二页　年/季/月计划　　　更新日期：2009 年 11 月 15 日

年度目标

2009 年 10 月 1 日至 2010 年 9 月 30 日

1—10	A	增加收入（从 2008 年的×××美元到 2009 年 12 月的×××美元，到 2010 年 12 月的×××美元）	2010 年 9 月 30 日
4，8	B	完成第一本书——《只顾赚钱就是在扼杀你的企业》，2009 年 11 月 30 日。第二本书——《极端地执行糟糕的计划》，2010 年 6 月 30 日；第三本书——《企业为何失败》，2010 年 12 月 30 日	2010 年 12 月 30 日
3—6，8	C	战略规划在线演示	2010 年 6 月 30 日
2—10	D	完善、完成流程指南：（1）速成班，（2）DYI 挑战，（3）策划，（4）人生目标，（5）战略规划研讨会，（6）树立品牌过程，（7）企业评估重复流程，（8）BLI 午餐会，（9）实时跟踪	2010 年 9 月 30 日
4—6，8	E	战略规划在线演示	2010 年 6 月 30 日
4—6，8	F	"木柴堆"管理系统在线演示	2010 年 12 月 30 日
1—10	G	客户保留率——每个月保持 98%，向非营利机构的捐款比 2009 年 1 月 1 日增长 200%	2010 年 9 月 30 日
4—8	H	在线的流程图管理系统	2010 年 12 月 30 日

季度目标

为完成上述年度目标，这个季度需要做些什么？

每项行动实现了上述哪个目标？请将目标字母填写在下表的行动数字的左边。

2009 年 10 月至 12 月			负责人	截止期
A－B	1	完成"赚钱"草案——公布	查克	2009 年 9 月 30 日
A－B	2	"顶点特性概况"测试和完成——开始公关	查克	2009 年 12 月 30 日
A－C，E	3	完成在线版战略规划书的所有文字材料	查克	2009 年 6 月 30 日
A，F	4	完成"木柴堆"系统在线演示时间表（行动计划表）	戴安娜	2009 年 9 月 30 日
A，G	5	将客户保留数据添加到每月的账户电子数据表中	戴安娜	2009 年 6 月 30 日
A，H	6	完成流程图在线演示时间表（行动计划表）	戴安娜	2009 年 12 月 30 日
	7	未提及的年度目标——D		

本月行动

为完成上述季度目标，本月需要做些什么？

每项行动实现了上述哪项行动？请将相应的季度字母填写在下表的每月数字的左边。

		10 月	负责人	完成日期
1	A	完成"赚钱"草案；交给别人评审	查克	2009 年 11 月 7 日
2	B	完成 9 份最终的顶点特性概况——进行测试并交给别人评审	查克	2009 年 11 月 1 日
2	C	为凯文的基准调查确定适合的日期	戴安娜	2009 年 11 月 1 日
1—6	D	继续发布博客；每星期写博客	查克	2009 年 11 月 30 日
1—6	E	计划在丹佛的户外演讲	戴安娜	2009 年 11 月 30 日
	F	评审战略规划书，完成项目概要	查克	2009 年 11 月 30 日

行动计划表

许多年度目标和一些季度行动计划（及少量月度行动计划）可能还太大，需要细分。因为它们更像是项目，而非简单的行动。

如果你有这样的情况，那么你可以选择做一件事。你要么将它们置于某个复杂的项目管理软件中，软件需要数小时安装，且可能从未更新，因为更新比处理该项目需要花更多时间；要么你可以制成一份简明的《行动计划表》，以此管理这些项目。我赞成后者——一份简明的《行动计划表》。不要花太多时间在无意义的事情上——只作为完成项目所须做的事情！

有些跨越数个星期或数月的行动会需要多个里程碑——这些应该在行动计划表中详细列明。这是有选择的，因为不是所有目标都需要这样详细列明。我提醒过你不要做无意义的事情吧？你可以花费大量时间为准备而准备。请着手行动完成事情，而不是计划你要怎样完成事情。

如果你需要一份行动计划表，那么下列内容可能会对你有所帮助：

1. 项目描述（为每个项目制作一份表单）

2. 它会怎样影响底线（投资回报）？

3. 如何衡量成功？

4. 日期，完成的准确时间（某天，而不是某月）

5. 负责人（可能多人参与，但谁是项目经理？）

6. 预算，很少需要（除非你的项目需要数千或数万美元）

行动计划表

针对项目（而不只是行动）。

跨越数个星期或数月且有多个里程碑的行动计划使用此表——针对项目，而不只是行动。

具体的、可衡量的、可完成的或合适的、以结果为导向的、定时的（确定日期）。

行动计划描述（从企业战略到行动计划部分）。

所有主要事项的流程图

完成该项目对企业会有什么样的影响？简要描述结果，包括投资回报。

1. 客户和员工体验的一致性；2. 培训简化和责任分配；3. 更好的质量跟踪。

你如何衡量这种影响？投资回报、建议要求书、网站活动、电话联系等。

1. 客户和员工体验的一致性；2. 企业各个方面的绩效评估能力；3. 通过提高生产能力来增加投资回报。

一旦你有上面的信息（或许，你需要所有这些信息），只要详细列出为完成整个项目的每个要点。然后，用这份表确保你能及时完成任务。就这样，不要复杂化了！

写成行动的要点

	实现目标的步骤	负责人	目标日期	完成日期
1	"速成班"流程图及流程描述	戴安娜	2008 年 9 月 15 日	
2	DYI 挑战流程图及流程描述	查克	2008 年 10 月 15 日	
3	策划流程图及流程描述	戴安娜	2008 年 8 月 15 日	
4	人生目标流程图及流程描述	查克	2008 年 3 月 1 日	
5	战略规划流程图及流程描述	查克	2008 年 2 月 26 日	
6	品牌打造流程图及流程描述	戴安娜	2008 年 6 月 16 日	
7	顶点特性概况跟踪流程图及流程描述	格兰特	2008 年 4 月 15 日	
8	BLI 午餐会流程图及流程描述	戴安娜	2008 年 7 月 15 日	
9	在线活动：1. 顶点特性概况；2. 战略规划；3. 木柴堆管理系统	格兰特	2008 年 5 月 15 日	
10	咨询认证方案流程图	查克	2008 年 10 月 15 日	

如果你需要对这些行动作预算，那么也应尽量简单。

项目预算

项目描述	成本	总计	备注

利用战略规划书来经营企业

请记住，你的战略规划书是一号老板。如果你在企业中往往不用战略规划书来做决定，那么你也不会很好地利用它。战略规划书应当是一个动态的、有活力且不断变化的文件，它不是一份摆在书架上落满灰尘的公告。请每天利用它来建设一个在你度假时也在赚钱的企业！这里有一些实用的办法：

每周——每周一次，计划用 15—30 分钟（我建议选择星期一早上）来重新看看你的月度行动计划，同时带着这样一个问题："为确保完成月度行动计划，我本周该做些什么？"

然后在这一周中安排所需的时间来完成它——这比你在这周要做的任何事情都更为重要！

每月——每周一次，将你每周的战略规划时间延长至 30—60 分钟。每个月重新看看月度目标，并作出改变，以确保你会实现季度目标。

每季——每季一次，将你每周的战略规划时间延长至 2—4 小时。重新看看年度目标，放回去再拿出另一份年度目标。这是一种循环的年度战略规划书，不是那种一直放在书架上等到下一年的规划书。

每年——每年一次，重新看看你的愿景、使命和战略，以确保你的整个规划一直在推动你实现企业成熟（"通道战略"）。重新看看你的年度目标，放回去，再制定另一份年度目标。

关键不在于你的计划有多好，而在于你有多么努力地去实现计划。

这里为你提供一种重要的观点：无论你在"计划"上花多少时间进行思索和研究，如果没有实行，那么它永远算不上"好"。所有所谓"好"的计划一付诸实施就开始乱了方寸。从实践中得到的反馈确实能将计划变成一个好计划。

因此，不要对计划再反复琢磨了。花几小时制订一个简单的计划，然后付诸实施。一旦将它付诸实施了，你会得到很好的反馈机制以使计划更加完善。企业早期阶段成功的最佳指标不是你计划得如何好或你的市场研究做得如何好，也不是你的产品有多好，而是执行计划的速度。开始行动吧！然后让现实世界在你前行过程中帮助你完善你的计划。

正如中国俗话所说的："种树的最佳时间在 20 年前，次佳时机在眼前。"不要再思索了，行动起来，做一些能帮助你企业成长的事情。

简化和重要

在此过程中，你们面临的最大难题是保持简单和高度重视。我们学到的每件事都激励我们尽可能地使之复杂、彻底和详细。这正是商业计划不起作用的原因所在，只因为计划太多，我们根本顾不过来。不要担心你会错过细节。麻烦问题的确是在细节中，但它们只有在你执行每项任务时才会出来。细分某些具体的细节，而不是细分你那两页的战略规划书。如果必须细分，请利用行动计划表，而不要触碰战略规划书。

祝贺你！你已经有了用于经营企业的战略规划书。每天使用它，每周回顾，每月更改，每季修订。这是你实现人生目标之后的第二把钥匙。流程图是第三把钥匙，我们将在下一章讨论。

在线战略规划

在写本书的同时，我们也在开发在线的战略规划软件。如果想获知该应用软件开发完成后可用的时间，请登录 www.CranksetGroup.com 或者通过 Grow@CranksetGroup.com 发电子邮件给作者。如果你选择在线的战略规划模板，可以大大降低成本。

8. 简单的流程——通向成功和超越的第五阶段之道

> 我们所谓的很多"管理"都是给人们的工作增加困难的。
>
> ——彼得·德鲁克

　　曾经有一段时间，妈妈在我去上学时对我说晚上有汉堡包吃。但有一天晚上，我发现餐桌上摆的是鸡肉。我对这种更换很失望。妈妈认为我对鸡肉和汉堡同样喜欢而进行了更换，但这是不明智的。她之前给了我某种期待，而后换了另一种。我那时就是一个在理智上不满意的"客户"，在情感上也同样不满。

　　在本书的前面部分，我提到过一个房地产经纪人因朋友推荐而卖掉一所大房子。她请这个朋友去高级温泉疗养所度过了一个非常愉快的周末。她的朋友然后将这不错的推荐回报告诉自己的朋友们。这些朋友也推荐了大房子的销售业务，但这位经纪人送给她们的是高级卫浴和橱柜店的一张礼品卡。虽然这些礼物的价值与之前的相同，但送礼品卡还是让人失望，从此再也没有人把她推荐给别人了。

　　在这两种情况中，我妈妈和这位经纪人都没有一个适当的流程来保证对其客户的一致性。她们并不是有意玩调包手法，而是因为缺乏一个简单的合适流程；她们预设了一种期望，而最终给的是另一种结果，而且打着努力做个好的持家者和经纪人的旗号。

　　她们是在即兴发挥。经纪人的第一个客户告诉第二个客户会有去高级温泉疗养所度周末的回报，然而给第二个客户这种庆祝乔迁的昂贵礼物让人感觉故意减价了——经纪人事先给人预期会得到怎样的待遇，然后自作主张改变了游戏规则。她们认为别人得到鸡肉也会当做是原先许诺的汉堡包。

光有热情不能帮助你制定流程图

在开始创业时，对所做的事情充满热情是很好的事情。它能让你度过创业初期入不敷出的艰难时光。但这种热情通常会成为你打造成熟企业的障碍。

这是因为你对所做事情的热情会让你离不开生产——大多数企业在第四阶段停滞不前的主要原因之一。这种热情也会让你觉得没有人能像你一样把事情做好，因而继续陷在第四阶段。流程图是帮助你弄清楚你的热情是如何阻碍发展的最好办法之一。

流程图建立了一致性

消费者不追求品质，而是要一致性。请记住，他们在离家之前就决定了他们要得到什么样的东西（"我要一辆高档汽车还是一辆实惠的小型车，要速食还是极好的丁字牛排？"）。然后，他们寻找提供这种产品且具有最一致的客户体验的地方。

你想要一个成功的企业吧？那么别再过于关注拥有最高品质，而是要关注品质的一致性。流程图是保持这种一致性的办法之一。

正如布赖恩·菲利浦斯在其《小企业成功（四个秘诀）的第三个秘诀》中说的："一致性的结果来源于一致性的行为。我们常常陷入危机管理模式，车轮脱离了车身。"

消费者不追求品质，而是要一致性。

追随爱德华·戴明——日本，1950 年

爱德华·戴明是现代质量和客户满意度管理之父，他有一个"85/15 原则"——"工人 85% 的效率是由工作所在的流程决定的，只有 15% 取决于他本身的技能。"单就这个原因而言，1 人公司与 500 人的公司所需要的一致性流程是同等重要的。没有这种流程，我不太可能每次完成同样高质量的工作，

教别人同样高质量地完成工作也会变得非常困难。

"体系（流程）就是一个用相互关联的各部分来共同完成系统目标的网络。一个体系必须有一个目标。没有目标，便不成体系。"——爱德华·戴明

从1950年开始，戴明这个美国人对日本生产的影响超过其他任何日本人。日本公司对他推崇了数十年之后，美国公司才开始接受他的观点。戴明提倡详尽地描述流程。他的名言之一是"每个举动和每项工作都是流程的一部分"。在他那有名的14条管理原则中至少有两条是要求流程图的：

● 戴明原则2——别再依赖检验来达到品质要求。从一开始就将质量融入产品中，以消除大规模检验的需求。

● 戴明原则5——永远不断提高生产和服务体系，以提高质量和生产率，从而不断降低成本。

1982年，福特汽车公司最终了解到这一情况，聘请戴明来帮助他们彻底改造他们的公司（福特公司曾因质量差而名声扫地，1979—1982年损失30亿美元）。到1986年，他们成了美国最赚钱的汽车公司，也是自20世纪20年代以来，福特的利润首次超过通用公司的利润。虽然美国三大汽车生产商在某些方面仍然落后于日本同行，但在2008—2009年的大萧条中，福特公司的状况显然居于三大汽车企业之首。

对大企业来说这不错，但是……

我们有三大理由认为不必像福特那样的：

1. 只有大企业需要流程——我的公司太小了，不必"组织机构"齐全。这就错了！无流程运行会让我们具有活性，但更为重要的是，当我们"即兴发挥"时，这会给客户、我们自己及员工带来不一致的体验。

2. 制定流程太复杂。简单明了——每项流程言简意赅，它不是长达30页的详细生产手册。只要记下你已经在做的事情，并确定你每次所写的是否真是你希望看到的。如果是这样的，那你就有一个流程。如果不是，那么你只是有一张要放入抽屉里的纸。

3. 我没有时间。你不是没有时间去做这件事。30分钟到3小时就

足够了。如果你的企业需要三到六个流程，你每周花四小时来做这件事，那么你能在四个星期之内完成。相比你在一个月之内为制定流程所花的时间，你即兴发挥可能浪费更多时间和丢失更多客户。

为什么我们应当为自己制定流程

1. 效益或营利能力——经营企业，靠纯粹的天赋和十足的热情是不够的。如果我们将所做的事情系统化，那么大家都会赚更多的钱。

2. 一致性——如果每个客户（或者业主或员工）都有不同的体验，那么你在制造麻烦。为何不让每个人每次都有同样的良好体验呢？保持一致让人忠诚，不一致让人困惑或失望。

3. 可转变性——这是一致性的一个重要因素。当汤姆去度假或者请假，甚至离职时，他脑海中的"程序"就不再存在。一个简单的书面好流程可以直接让下一个人来执行，尤其是在你对员工进行过交叉培训的情况下，那么不止一人知道如何执行流程。

4. 收益率/每小时收益——所有这些能让你以较少的时间赚得更多的钱。

不折不扣的灾难

你还不相信需要流程么？设想福特公司某一天流失 25% 的员工。这对他们的企业来说会是灾难性的。生产会慢慢停下来，混乱的局面会持续数星期，一直到重新组织好工人。

所幸这类情况不太可能在大公司发生。但小公司常常出现这样的情况，且他们根本不在意。

如果你有四名员工，其中一个工作五年的员工离职，那么你失去了 25% 的劳动力。然后是怎样的情况呢？你和其他人来补缺，大家匆忙去学做必须要做的事情。在你匆忙面试、雇用和培训新员工时，公司得持续数个星期的混乱局面。通常，培训方式是"客户来电咨询或抱怨，我教你如何回应"。

"那不关我的事!"

我曾在一家有 800 名员工的公司担任客户关系和市场营销副总裁,我常常与"工作范围"的问题作斗争。员工都只按岗位职责说明书工作,因此我的确不能抱怨他们的表现,然而,这种名义上的表现和客户服务问题层出不穷。

有一天,当我去弄清一件简单但极其混乱的事情的真相时,我清楚地认识到了这个问题。一件设计样品本应该连夜送给客户的,但第二天下午这位客户来电话反映还没收到样品。他们很不高兴。我与制作该样品的客户经理讨论这事,而她已经将样品交给项目经理;项目经理已将它交给执行中心的主管,主管已将它交给发货员,发货员已经致电联邦快递来取货。但是,我们发现样品躺在货运处。

哪儿出了问题?最直接的靶子是联邦快递公司,但这个靶子并不对。问题很简单,这件事相关的每个人都完成了他们的"工作",但是没有一个人关心超出他们自己的岗位职责说明书的事情。晚上回家,当他们的配偶问:"你今天工作怎样?"他们都会回答说:"很好啊,我完成了自己分内的所有事情。"

不再用岗位职责说明书

流程图不只是让你摆脱第一至第四阶段的枯燥游戏,到达第五至第七阶段的自由,它还会给你带来极大的好处。最大的好处之一是,当你的企业发展成熟时,你的员工会从水平的角度思考,而不是垂直地思考。

岗位职责说明书无意教会了员工三件事情:

1. 不思考,也不考虑任务。

岗位职责说明书向员工灌输了成功是由任务的完成来定义的思想,并坚持狭隘地定义工作的限定因素。这就让员工不思考,只是简单地工作,仿佛他们是一台执行程序的机器。

2. "竖井"效应。

由于岗位职责说明书侧重员工要完成的某些任务，因而使他们及各部门形成了"竖井"效应。员工生活在一个垂直的、有清晰界限的世界里，员工有着各自的工作任务，彼此之间界线分明。

3. 缺乏主人翁意识。

由于员工生活在垂直限定的世界里，因而他们从未有过企业主人的感觉，也不知如何与企业融为一体。

彻底扭转由岗位职责说明书所造成的损失

流程图可以让你及你的员工避免这些问题。一份简单的流程图表明，员工不只是负责某项工作，还和其他人与流程融为一体。一种水平的世界观取代了那种垂直的世界观，员工成了更大"拼图"中的重要一块。鼓励员工为流程的完成进行思考和发扬主人意识，而不是为完成他们自己的任务。

如果我们在联邦快递事故发生之前已经制定了流程图，那么可能会是这样的情况：客户经理将联邦快递的包裹交给项目经理，并要求用电子邮件确认联邦快递已取走包裹，同时提供一个跟踪号码。

项目经理将包裹交给执行中心主管，并要求他在下午5点前向客户经理发确认信，并抄送确认信给她。执行中心主管要求发货员在下午5点前向他们所有人发确认信，且如果联邦快递没有取包裹，则电话通知他。

下午5点或之后较短的时间内，这些人中的一个或多个没有收到发货员发来的电子邮件，他们就会致电或回到办公室看看是怎么回事。他们发现包裹就会在回家的路上将它送至联邦快递的投递箱。结果会完全不同于实际发生的情况，因为每个人都关注正确的问题。而不是想"我今天按岗位职责说明书做好自己的工作了吗？"他们脑海中会有一个水平的流程图，并会问："我令与我共事的同事（我合作的客户）满意吗？他们明天是否还会想与我共事？"

"太空英雄"

简而言之，流程图不仅让你脑海中所想的事情跃然纸上，还建立了可重复的流程，并让我们自己摆脱生产；它也让员工明白，结果实际上比遵守狭隘的任务表更为重要。这种结果是一种水平的世界观，员工因此有主人翁意识；结果是以客户为中心的，且每天能给他们的所有客户（无论内部还是外部的）传递一种重复一致的体验。

行动起来——从来都不为太早

很少有公司会一开始就制定了良好的流程，通常都是等到他们需要流程很久以后才开始，这就让他们变得极其被动了。

随着你的公司的发展，需要更多的流程和程序，这就会容易获得最佳的流程。如果你不得不抛弃开始的流程，而不是对它们进行调整或扩充，那么如果全盘使用它们，很可能不适合。

开始行动，只要制定最关键的任务流程。再强调一次，也尽量让其简单。

我用演示软件（如 PowerPoint）为流程的每一步制作一个方框，你也可以用电子数据表、字处理软件或一页大纸。我们稍后会更详细地讲讲这个问题，在此提供威斯顿景观设计公司（比尔·威斯顿的公司）快速制定的流程图例子，该公司拥有 3 名全职员工，12 名兼职员工：

总裁/创业者　　办公室经理　　现场领班

大体流程图

现有的职责

（按箭头方向顺序）广告→咨询→销售过程→现场评估和图片→投标（24 小时）→设计呈现给客户—问答→签订合同；获得定金→准备文件/发感谢信→制定工作时间表，客户确定工程→每四周联系客户，订购具体材料→提前一周和一天确定→事先向邻居致歉→一周前清点和订购原材料→领班提前三天核实工程→开始工作—预付一半定金，硬景

观/种树→软景观→完工→巡视工程/客户接收，最终付款

大体流程图

上面是景观设计公司的流程图，也是他们整个公司的大概要图速写。正如你从这个例子中看到的，它有极高的水平。如果你的大体流程图有20—30个以上的方框，那么你很可能列得太详细了。请尽量简化（我已经说过了吧？）。

大体流程图是你要制作的第一个流程图。你要做的其他流程图都将以它为基础，它也是你最好的教具，可以帮助所有新员工了解你的企业，且更为重要的是，可帮助他们融入其中。大体流程图会消除竖井效应，并从一开始就树立一种水平的团队意识。

但是，你的大体流程图是怎样的呢？请你问自己这个问题：我们向客户提供产品或服务的过程是怎样的？

勾勒出整个公司的流程（很高层面/简单）——从营销到销售（或任你从哪方面开始）、经营和交付、财务账目和进销存，到客户满意度。包括从营销流程开始，到完成此流程的所有事情，比如签署支票、发送感谢信、将半年后要致电的某人（客户或潜在客户）记在反馈文件中，如此等等。

再次提醒你，尽量保持高水平，每个标题都简短些。

如果你有多项完全不同的产品或服务，那么你可能要制定多份流程图，但尽量不要这样。

在你完成大体流程图之前，不要想着将它分成一些小的流程图。在完成大体流程图之后，你可以依照它再制定3—5份需要的流程图。

可能需要的典型流程图

一旦完成了大体流程图和其他主要流程图，如果你每年收入在200万—300万美元之内，有15—20名员工，那么你所有的流程图总共应在3—10页之间。

下面我列出了一些你可能需要的内容。我强烈建议你尽可能快地使

用前面4—5点。之后，在来年你可以再选择多一些（如果需要的话）。

- 大体流程图（包括市场营销、老年退休金计划、财务和感谢函）
- 企业发展（市场营销、销售和研发）
- 经营/交付（交付你的产品或服务，制造等）
- 融资/会计（包括货品计价、募集款项的过程）
- 管理——办公室管理、生产管理、财务管理
- 客户满意度
- 员工关系
- 卖方管理
- 货运、执行
- 采购
- 分包商管理

作为一个小型企业，如果你最终有3—6份流程图，那么你很可能又是在做无效的工作。的确，每件事都需要列入流程图，但是，对收益影响甚微的流程制作投入的时间和对能产生收益的创业上投入的时间，在这两者之间需要取得平衡。只要你有时间和资金，你可以不断制定更多的流程。最终你将整个公司事务都列入了流程图中，但不要过了头。选定适合你的东西，永远不要为你不在做的事情制作一份流程图。

参与给人主人翁意识

我非常相信下列领导原则：受某个决定影响最大的人在决策时应当占最大的比例。这并不意味着他们必须作这个决定，但如果不知他们的想法会最有用，这让我抓狂。

因此，如果你有员工，请务必让他们参与大体流程图的制作。让每个人单独制作，然后合起来去制定每份流程图。这样，你更可能掌握所有事情，你也会对那些了解流程图中不同部分的人感到惊讶。最重要的是，这会让那些最常用它的人产生主人翁意识。

时间投入——短、简单和令人高兴的

如果你制定整个企业的大体流程图所花的时间超过 45 分钟，那么你花的时间太多了，或者就是你对企业的业务不太了解。不要想第一次就做得很完美。先完成一部分，然后在上面修改，这样会更容易些。这可能会让你的员工花多一点的时间，但不是太可能。

如何制定流程图

一旦你完成了大体流程图，你就能决定其中哪部分可能需要分成独立的流程。业务开发、运营/交付、财务/融资和客户满意度（我们有可能漏掉的一个），这些都是常见的子流程。

第一步——写下大体流程图的主要步骤

流程图极其简单：该流程中最先要处理的事情是什么？中间的主要步骤是什么？最后是哪些事情？这些就确定了流程图的长度和范围。

首先，从纸的底部开始，然后回答"该流程中最后要处理的事情是什么？"写下答案。由于我们已经做了许多流程，我会说你写下的东西可能不是最后的事情，但我们稍后会对它进行修订。

在你写下那些最后要处理的事情之后，问问自己在此之前会发生什么事情，不断往回看，直到前面没有其他事情为止。很多时候我们可能只制定生产流程；请不要忘记像广告或营销、送支票到银行、发感谢函或经营中的其他类似事情。再回头看前述例子，我们知道那不代表最佳的流程图——其实没有最佳流程图这回事。我们只是尽量涵盖你的工作流程并用对你来说最好的方式勾勒出来。

为什么要往回制作流程图呢？好的校对者会往回读，因为这样会让他们放慢速度，涵盖更多内容。如果你从头到尾制定流程图，那么你会因为太熟悉你的流程而更可能漏掉一些主要步骤。这不是大问题，但它会帮助你把流程图做得更全面。

记其大概

尽量只将最为大致的步骤列入流程中。例如，如果你是一位椅子制造者，你可能会描述你制作椅子的每一步。然而，流程图并不需要这样详细。你只要写下一步"制造椅子"，然后继续。你稍后可以就如何制作椅子建立一个子流程，这会极大地帮助你将来培训别人为你制作椅子。对大体流程图来说，广告、市场营销、宣传和公关都可以归为"营销"这一步中。

例外情况

流程图的众多好处之一是它会突出流程中最需要注意的部分，要么是因为你没有很好地进行培训，或者本身很难，要么是因为这些部分极其重要。

一位不善管理的创业者在"送支票到银行"这个项目外另画了一个方框，因为这突出了他们所做的一切都需要转换成货币。他们本可以简单地将这归为更大的一项"进销存"或类似步骤的一部分，但这位过分讲究的创业者的确不善于管理他们的工作，因此另画框突出一下也是好的。

让员工单独做流程图

正如前面提到的，如果你有员工，那么让其中主要的员工单独制作大体流程图，然后将它们汇集起来，根据这些单独的流程图再制作一个总图。这样，你的流程图就完美得万无一失了！这会是你多年来最能展现企业和最有成效的行为。

勾勒现在，而非将来

不要勾勒将来的事情，只管现实的情况——在你确定将来想要的样子之前，找出你现在正在做的事情。正视后果，这是非常重要的；当你能看到自己所处的状态时，会非常受鼓舞的。

是的，就这么简单

那些聘请我教他们如何制作流程图的人常常问我是否够了的问题。我的回答是肯定的，至少现在是这样。稍后我会谈到制作流程图的其他一些步骤，但也都同样简单。继续读下去，你会看到流程图对任何规模的企业都会产生巨大影响。

第二步——子流程清单

在完成整个企业的大体流程图之后，在打算修改任何步骤之前（请记住，描述你的现实情况，不是你希望的样子），列一个需要的子流程图的清单。尽量简短，再看看我们在第五章中谈到的企业七要素。一般来讲，大多数企业可能需要为业务开发、经营/交付和财务管理单独制定流程。我也建议为客户满意度单独制定流程图，因为这一项很容易被忽视，且是我们未来收入的最佳来源。

正如第五章所示，企业的七要素是：

1. 愿景和领导（使命、愿景、原则）

2. 业务开发（销售、营销、研究）

3. 运营和交付（形成给客户一致体验的流程）

4. 财务管理（就通过注意来改进现金流和提高利润）

5. 客户满意度（几乎没有人为此重要要素制定流程）

6. 员工满意度（像他们是头等人物一样对待他们，他们也会同样地对待你的客户）

7. 社区、家庭、自己（你的企业是如何影响周围的世界？）

不要胡乱折腾

有时候，你可能觉得销售、运营或企业的其他某个要素的特殊部分需要进一步制作流程图。请忍住，除非它极其重要，且能直接帮助你赚钱。你可以稍后再处理流程图，但我敢肯定——你的流程图越多，它们越像是一种培训手册，你使用它们的可能性越低。

第三步——制定子流程图

一旦你确定要制定某个子流程图时，让涉及这些流程的员工为他们自己制定流程图，同时你单独做你的。然后，汇合这两方面的流程图，得出所有流程的初稿。

第四步——现场测试

让你的员工将完整的流程图草案放在他们办公桌或工作台旁边一两个星期，然后要求他们在每次执行流程之前看看流程图，或者在每天下班前看看流程图。这样，让他们确保流程图准确地反映了他们所做的事情。

第五步——汇合并完成流程图

在你们都体验了大体流程图和子流程图一两个星期后，再将流程图制作小组聚集起来确定最后的大体流程图。然后，与每个负责子流程图的人会面商讨，并最终确定下来。

努力获得那些间接负责子流程但受其影响者的意见，这是个很好的主意，借此你可能会发现为什么有些事情本应该可以而事实上却不行。那是因为这些人与子流程没有密切的关系，因而他们的意见会更客观。

将完成的流程图输入演示软件，或者如果可能的话，制作比手写表格更为正式的流程图。请参看本章前面的例子。请注意，不要追求样式花哨别致，只要清晰即可。

第六步——给方框着色

按方框里内容的不同负责人，让员工用不同颜色来标识每个方框。请注意，负责制作方框的人可能不负责方框内的任何实际工作，但他们负责完成流程图中的这部分。在你的企业中尽可能将这种主人身份分开——如果你可以帮忙制定生产方框，经理就不必参与了。

枯燥游戏的迹象——永远处在第四阶段

当比尔·威斯顿第一次看到他公司的大体流程图时，他的反应与你们中许多人完成自己的流程图时一样。你从流程图上看可能会明白，为什么你觉得你永远也不可能安然无事地离开企业。如果你拥有的是一家较小的公司，流程图会让你感到不舒服，因为情况很可能就是这样——作为创业者，你负责太多的方框，就像比尔那样。

这就是威斯顿景观的大体流程图。这对小企业来说是非常正常的，并清楚表明了为什么只顾赚钱就是在扼杀企业。

现在，你会明白为什么这是从第四阶段到第五阶段和建设一个成熟企业的第一步。看到那么多方框是一种颜色（你的颜色），这会促使你去思考如何从那些本不属于你那个层次的工作中脱身。

这是企业脱离第四阶段（依靠创业者生产）到第五阶段（制定了合适的流程图，因此其他人可以应付生产，而非创业者）的开始。

总裁/创业者　　办公室经理　　现场领班

大体流程图样板

现有的职责

（按箭头方向顺序）广告→咨询→销售过程→现场评估和图片→投标（24 小时）→设计呈现给客户—问答→签订合同；获得定金→准备文件/发感谢信→制定工作时间表，客户确定工程→每四周联系客户，订购具体材料→提前一周和一天确定→事先向邻居致歉→一周前清点和订购原材料→领班提前三天核实工程→开始工作—预付一半定金，硬景观/种树→软景观→完工→巡视工程/客户接收，最终付款

第七步——给每个方框指定工资水平

在确定任何事情之前，我们需要注意一件事——将每个方框视为大公司中每周 40 小时的工作，并问自己："我要付多少钱给做这项工作的人？"然后，将时薪记在那个方框上，你又会感到不舒服，因为你在本

应该由别人做且他们乐意做的事情上浪费了那么多时间和金钱。

你是一个按时计薪的员工——你应当一直这样认为。如果你每年赚10万美元，而那是你通过每周工作70小时获得的，那么你的时薪非常低。不要只看月薪或年收入，要算算你每小时实际赚了多少钱。

在小企业中，你会看到你在做很多每小时只有10—20美元的工作，而这些本应由其他人来做的。几乎可以肯定的是，你负责的方框中有50%—90%是远远低于你的工资水平的。

总裁/创业者　　　办公室经理　　　现场领班

大体流程图样板

每项工作每小时的成本

（按箭头方向顺序）广告（12美元）→咨询（12美元）→销售过程（150美元）→现场评估和图片（150美元）→投标（24小时）（8美元）→设计呈现给客户—问答（35美元）→签订合同；获得定金（12/150美元）→准备文件/发感谢信（8美元）→制定工作时间表，客户确定工程（12美元）→每四周联系客户，订购具体材料（8美元）→提前一周和一天确定（8美元）→事先向邻居致歉（8美元）→一周前清点和订购原材料（23美元）→领班提前三天核实工程（12/150/23美元）→开始工作—预付一半定金，硬景观/种树（12/150/23美元）→软景观（12美元）→完工（13/23美元）→巡视工程/客户接收，最终付款（23/150美元）

但我是在省钱！

表面上似乎是这样的。我们大多数人错误地认为，如果我们自己做三个小时每小时20美元的工作，我们就省下了支付给别人的60美元。但是，如果我们每小时赚取150元，那么我们在那三个小时内就损失了390美元。

如果让别人来做每小时20美元的工作，而你可以抽身去做每小时150美元的工作，比如创造新的销售业绩，那么你就可以赚取450美元，除去支付给别人的60美元之外，你还可以净赚390美元。

别再做捡了芝麻、丢了西瓜的傻事了——流程图会帮助你看到这样经营企业的错误之处。其实，冒雇用别人这样的小风险，你就可以摆脱枯燥的游戏。

道森·特罗特曼是一位非常聪明的国际非营利组织的领导人，他曾经说："如果有许多别人不能做或不愿意做的事情，你为什么要做别人能做且愿意做的事情呢？"弄清楚你的时间的最高和最佳利用价值是多少，按这个去实行，并让其他人也按他们的最高和最佳利用价值行事。

第八步——勾勒应有的内容

既然你做了本来应该是其他人做的事，那么我们来重新分配一下责任，为每个人的时间创造出最高和最佳利用价值。这就是所谓每小时收益，它能帮助你在较短的时间内赚更多的钱，不断提高你的每小时工资。

首先，选择你最先想要摆脱的方框，然后找其他人的颜色去填充。你仍然会觉得你的企业太小，不足以聘请一位每周工作 40 小时的管理者吗？最好的办法是从聘请临时助理开始——你可以聘请一个每周工作一小时或者 20 小时的助理。

对每位员工以同样方法处理——如果你看到员工负责的方框远远超过或低于他们的工资水平，那么将那些方框安排给合适的人员。

一旦你和你的员工都确信你们都抓住了真实情况，你们可以问自己："这个流程看起来应该是怎样的呢？"除非你们勾勒了实际情况，否则这一步是不可能的。如果你现在不知它是怎样的，那么你也不会知道未来该如何发展。

第五阶段的成功！

下图是经我们调整后的威斯顿景观设计公司的流程图的样子。请注意增加的第四个人（临时助理），以及创业者是如何从负责 15 个方框变成负责 4 个的。比尔·威斯顿对此欣喜若狂，因为他创业 11 年来第一次看到了摆脱枯燥游戏的出路。他拿到了通向第五阶段成功的门票，并满怀热情地去实现它。他认为无须花太长时间就可以实现了。

总裁/创业者　　办公室经理　　现场领班　　临时助理
大体流程图样板

重新分配职责

（按箭头方向顺序）广告（8美元）→咨询（15美元）→销售过程（150美元）→现场评估和图片（150/23美元）→投标（24小时）（15/150美元）→设计呈现给客户—问答（35美元）→签订合同；获得定金（15/150美元）→准备文件/发感谢信（8美元）→制定工作时间表，客户确定工程（15美元）→每四周联系客户，订购具体材料（8美元）→提前一周和一天确定（8美元）→事先向邻居致歉（8美元）→一周前清点和订购原材料（15/23美元）→领班提前三天核实工程（12/150/23美元）→开始工作—预付一半定金，硬景观/种树（23/150美元）→软景观（15/23美元）→完工（13/23美元）→巡视工程/客户接收，最终付款（23/150美元）

第九步——为每个方框指定交叉引用代码

如果你有三个以上的流程图，那么你需要一种便于引用的代码。为完成第十步（在流程图背面进行流程描述）也需要这种代码。

我使用简单的首字母编码方法。如果是"业务开发"的流程图，我就会给每个方框连续标上"BD1、BD2、BD3"等。如果是"每日账目"流程图，那么就标为AD1、AD2等。

总裁/创业者　　办公室经理　　现场领班　　临时助理

大体流程图样板

流程图详细匹配编码

（按箭头方向顺序）广告（8美元）MP1→咨询（15美元）MP2→销售过程（150美元）MP3→现场评估和图片（150/23美元）MP4→投标（24小时）（15/150美元）MP5→设计呈现给客户—问答（35美元）MP6→签订合同；获得定金（15/150美元）MP7→准备文件/发感谢信（8美元）MP8→制定工作时间表，客户确定工程（15美元）MP9→每四周联系客户，订购具体材料（8美元）MP10→提前一周和一天确定（8美元）MP11→事先向邻居致歉（8美元）MP12→一周前清点和订购原材料（15/23美元）MP13→领班提前三天核实工程（12/150/23美元）MP14→开始工作—预付一半定金，硬景观/种树（23/150美元）

MP15→软景观（15/23 美元）MP16→完工（13/23 美元）MP17→巡视工程/客户接收，最终付款（23/150 美元）MP18

第十步——流程描述

我们正在用实际流程图取代岗位职责说明、未曾使用过的厚厚的操作手册和培训手册。为此，我们必须确保负责流程图的每个人每次能以同样的方式履行其职责，并能简单培训其他人也这样做。

一旦你完成了流程图，逐个看每个方框并问自己："没有更多的指令谁能完成这项任务吗？"在某些情况下是可以的，但在大多数情况下，答案是"不行"。这就需要流程描述了。

针对每一个方框，在另一张纸上简要写出其流程。不要忘记使用适当的交叉引用代码。

例如，这里是批发和零售地毯的西拉斯地毯公司的真实会计流程图：

每日账目

AD1 开门营业→AD2 每天邮件处理→AD3 安排致电方案→AD4 接收货物/仓库→AD5 接收货物清单→AD6 处理各种电话→AD7 各种保险 →AD8 人力资源→AD9 处理 CC 事项→AD10 考勤记录→AD11 人事归档→AD12 填写信用证→AD13 合作/广告→AD14 打开邮件→AD15 应付款→AD16 应收款→AD17 信用卡支付→AD18 现金支票/每日存款→AD19 票据分类/发票归档→会计账目

我们看到"AD3，安排致电方案"。对于这个短语，只有西拉斯地毯公司负责那个方框的人才知道要做的是什么。因此，我们在那个方框背后编写了流程描述来详述其内容。如果看到下面的部分流程描述，你会发现同样的题目"AD3，安排致电方案"和该流程图的真实详情。

你会看到，无论流程图和流程描述多么有用：如果他们的会计人员贾内尔想休息几天，她可以很快训练别人来顶替她，因为她不必记住每一步。由于她习惯性地那样做，记住会很难的。当贾内尔这样的人离开时，正在接受培训的人都可以参考这个流程图。

会计流程描述

（每日账目—AD）

AD1 开门营业——负责人：会计人员

- 打开门，打开灯
- 签到／打卡
- 开始喝咖啡、吃点饼，收拾洗过的盘子
- 倒掉厨房和桌上及浴室内的垃圾
- 用吸尘器清扫地毯（如有需要的话）
- 将气球放在门外

AD2 处理每天的电子邮件——负责人：会计人员

- 打开电子邮箱
- 查看邮件并作必要的回复

AD3 安排来电客户的测量时间——负责人：会计人员

- 客户频繁致电要求安排测量或"估计"他们的工作量
- 如果是新客户，告诉他们要收取35美元的测量费
- 打开电子邮件——打开所有公开文件夹——打开约翰的时间表
- 约翰通常在星期一和星期二做测量工作
- 问客户在哪天什么时间最方便
- 将这个时间记在约翰的时间表上
- 在第一行输入"测量"（地毯、瓷砖、硬木材等等）、客户名称和联系电话
- 在第二行输入地址、"—"符号和你的名字首字母
- 给每项测量至少安排1小时，如果距离远或者房间多，时间更长
- 如果发生了一笔测量费用，则为此35美元的费用开具发票

- 填写绿色和白色的两联发票——绿色联给卡丽，白色联装入写有客户名称的信封内
- 拿出一份测量表（测量地毯、塑料制品、硬木材等），并填上客户名称、地址和联系电话
- 上谷歌网站打开地图。输入自己的地址和前往测量的地址。打印搜索到的地图
- 归纳测量表、地图和发票（如果有的话），并放入卡丽的"测量文件"中

理清你在做的事情并将想法付诸实施

对照第五章中谈到的七要素，请问自己下列几个问题：

1. 我为每个要素制定的流程是怎样的？（你已经制定好了，它是否是经过深思熟虑的或者是特别考虑的）将它写下来。

2. 流程的哪部分在起作用？哪部分不起作用？保持起作用的部分，并尽量想办法修改不起作用的部分。不要花数小时或几天来思考。只管进行更改。想知道它是否管用的唯一方式是看你是否用它。如果它不起作用，那么再做改变，直到找到合适的流程。如果它不健全，那些快速"实验"会比你现在的做法更好，且会引导你得到最好的流程。

3. 让其他人参与进来。让受流程影响最大的其他人参与流程制定，从而给他们带来主人翁意识。他们很可能在这方面比你知道的更多。

4. 将每个要素的描述保持在一页纸之内。杜绝写成操作手册。那样的话，它的下场是摆在书架上，你永远不会使用它。有些流程你写下来应该不到半页。也许七大要素之一需要一整页纸，但要看你能否让每个流程少于7个步骤。此外，如果你不能快速地让人共用整个流程，你也不会使用它。

5. 优先考虑那些对你构成最大挑战的事情。如果可能的话，寻求外界的帮助。否则你将不得不自己勇敢面对，并让这些事情与你偏爱的企业要素保持平衡。在这之前，你都会是受制于你的企业的。在你很好地把握了所有七个要素之后，你就走上了真正拥有企业和摆脱枯燥工作的道路。

让流程图充满活力

对于任何事情，你不能只管建立起一个流程图，然后就忽视了它。最简单的做法是每个季度与每项流程的负责人举行一次 30 分钟的讨论会，让他们向你提供因业务变化而必须进行的更新或修改的内容等。应对那些变化（或不足），以确保这一流程仍然是合适的，这是你的工作。

此外，让员工将流程图贴在墙上，将流程描述摆在他们的办公桌上。鼓励他们经常对照检查他们的工作并提出更改建议。

保持这些流程符合现时的情况，可以让你的公司免除很多可怕的麻烦，并保持公司的高价值。

值得一提的是，爱德华·戴明曾说工人 85% 的效率由其工作的流程决定，只有 15% 是由其技能决定。你的流程制作得怎样？有好的流程图，就能摆脱枯燥的游戏。

151

让流程图随处可见

将你的大体流程图打印多份，将它们放在餐厅和办公室及生产区域。对单个的子流程也相同处理。

制作一个薄的皮夹并随身携带，与员工们讨论流程。你的流程图应该是你公司日常结构的一部分。

请务必每个季度要重新审视和修改你的流程图和流程描述。使其保持不断更新，并照此来经营你的企业。

只顾赚钱就是在扼杀你的企业

可能没什么能证明第一阶段到第四阶段的枯燥无味的工作效果优于流程图的效果。大多数创业者从未摆脱枯燥的游戏，因为他们从未客观地看自己在做什么，他们所看到的只是成了自己的雇员。他们不是真正地拥有自己的企业，而是企业拥有他们。

我建议你花几个小时做好企业的流程图，从图上看看你所建立的东西，你怎样修改，然后向第五阶段的成功迈进并超越。在下一章，我们将看到为什么如此之少的创业者采取这些措施来摆脱枯燥游戏。

大多数创业者从未摆脱枯燥的游戏，因为他们从未客观地看待自己在做什么，他们所看到的只是成了自己的雇员，他们并不是真正地拥有自己的企业，而是企业拥有他们。

在线流程图制作

在写本书之时，我们也在开发一个在线流程图应用程序。如果你想得知应用程序何时可用，请登录网站（www. cranksetgroup. com）或发电子邮件：grow@ cranksetgroup. com。

如果你选择使用在线战略规划程序，这也会让你大大降低成本。

9. 为什么富有者那么少

> 我们要么生活在一个富足的世界，要么生活在一个贫乏的世界。我们选择哪一个世界影响着我们所作的每一个决定。
>
> ——查克·布莱克曼

我曾与一位拥有七名员工的零售业创业者探讨"顶点特性概况"的问题：两年来，她的公司一直处于颠簸不稳、不盈不亏的状态。她说："两年前我怎么不知道这些呢？否则可让我在经营企业过程中省去多少痛苦，可避免多少混乱局面。"

在一次研讨活动后，另一位创业者走过来告诉我说："我要是四个星期前知道这个就好了。昨天我失去了我最好的经理，现在我知道其中的原因了。我打算向她道歉，看看我能否请她回来。我现在知道该如何和她相处，让彼此都如愿以偿。"

几个月前我在电台中听到一档采访一名全国知名企业顾问的节目，其中说到最有趣的事情是———所有创业者中，仅有3%的创业者掌握着所有企业收入的84%，其余97%的人在那余下的16%中争夺自己的一杯羹。

为什么？为什么如此少的创业者却比余下的大多数多占有如此大的份额？是因为这少数人有什么特异天赋吗？我认为不是这样的。天资极好的人随处可见，但是我知道他们当中很多都生活极其穷困，像第三或第四阶段企业中的专业人士一样工作着，收入微乎其微，也就刚能养家糊口罢了。因此，天赋不是这里的分界线。

富人和穷人还有许多其他的共同技能。但是，我在那些非常成功的创业者身上发现了他们与众不同的三个特性：他们拥有企业的愿景，对实现愿景的体系和流程了如指掌，并且有目的地去达到成功的必要条件。

他们拥有企业去向何方和何时到达目的地的愿景。在他们的脑海里有一个企业成熟钟表在时刻滴答作响。他们利用非常简单的系统和流程，并避免陷入只是分散注意力的制定流程的事务中。从一开始，他们就全力想要打造一个成熟企业，而不仅仅是为了赚钱。

愿景、流程和意向

IBM 的创始人老汤姆·沃特森说，IBM 是体现这三大方面的典范。

在《电子神话》中，迈克尔·格柏讲述了沃特森的一件轶事。据报道，他曾说："在一开始的时候，我对公司最终会是什么样子有非常清楚的构想。"他知道公司的发展方向。大多数创业者除了空谈（"如果……那岂不是很好。"），从来没有想过这个问题。汤姆·沃特森真正地考虑了这个问题，他也表达了他所想的：

第一，他从一开始就打算建立一家大公司。汤姆·沃特森没想成为自己企业的生产者，也不想陷入只管赚钱的陷阱。他从一开始就只打算发展一个成熟企业，这就是为什么他能取得这样的成功。

第二，他问自己，要建立那样的公司该如何采取行动。"那么，我拟定了 IBM 该如何采取行动的蓝图"。从一开始，他就构建了公司实现发展目标的体系和流程。他勾勒了一幅 IBM 该如何采取行动的图（即流程图）。正如我们在头两章所谈到的一样，大多数创业者有一种错误的思想——认为他们先要集中精力赚钱，然后才考虑打造企业（甚至很少考虑这个）。沃特森之所以成功，是因为他从一开始就双管齐下，一边赚钱，一边注重打造为他赚钱的企业。

第三，他说他"认识到，除非我们从一开始就那样行动，否则我们永远不会实现目标"。他就像他想要的样子去行动。他是在有目的地行动。他不必重新设计公司在整个文化和发展方向前进道路上的每一步，因为从一开始他就打算发展一个成熟的企业，并成为一家伟大的公司。这种意向驱使他作出将建立一个在他度假时也在赚钱的成功企业的决定。

愿景、流程和意向，汤姆·沃特森拥有这三项。他知道 IBM 成熟时会是什么样子（愿景），他知道他们得怎样行动（流程），然后他们从一开始就那样采取行动（意向）。

更重要的——沃特森从一开始就采取双管齐下措施

你刚刚读到的是汤姆·沃特森的成功故事中较为知名的一部分。但他还说了一些从来没有引起适当关注的事情。有一件事情将他的愿景、流程和意向付诸实施了，并让他建立一个伟大的公司。请仔细聆听他所说的：

> ……我们每天都尽量让公司依照设定的框架运转。在每一天结束时，我们问自己工作做得怎样，找出我们所做到的与曾设想要达成的事情之间的差距，并于次日开始着手予以弥补。IBM 的每一天都在专注企业发展，而不是关注做生意。我们在 IBM 不是"做"生意，我们是在"打造"一个企业。（引号是我加的）

汤姆·沃特森从一开始就对他的企业采取双管齐下的措施。当然，他们也需要赚钱以维持企业运转，但其真正的重点是建设一个在他不在场也会赚钱的企业。

平衡的企业观

沃特森有一种独特的平衡观。他在日常决策中平衡愿景、流程和意向这三者的关系。这就是成功与不成功的企业家之别。然而遗憾的是，我发现大多数创业者的企业观没有达到自然的平衡。他们要么侧重于愿景，要么侧重于体系，或者侧重于日常的意向和"行动"。

我还发现好的一面是，这种失衡很少是因创业者的"基因"的缘故。我们并非因我们的血统关系而注定会不平衡。我们企业中大多数的不平衡是我们的经验直接导致的结果，而非我们的性格。我们所经历的生活以及经营企业的方式，给了我们一种几乎总是不完整的企业观。

但我们并不这样看。我们认为自己的世界观是非常全面的，而这让我们麻烦缠身。最大的问题是，我们以自己的长处工作，但并不清楚如何弥补我们的短板。因此我们以一种不平衡的企业领导观进行决策，且不知道自己在干什么。但是，我们的企业肯定知道，并受到影响。少部分人之所以那么富有，是因为他们已经有了平衡的企业观，其决策也反映了这一点。

"顶点特性概况"——我的情况会是怎样？

我们如何获得平衡？首先，我们需要对自己的个性、领导风格和企业所有权类型进行诚实的自我评估。如果有5000多份个性和领导风格的评估表，那么你应该与值得信赖的企业顾问或咨询师核实，以便找到适合你的。别再仓促行事了，要弄清个性和领导力的问题在哪儿。

我已经制定了"顶点特性概况"的框架，它不同于个性和领导力评估，它的目的不在于判定你是一个内向或外向的人，也不在于判定你有哪些天生的领导特质。"顶点特性概况"是用创业者的语言和背景而撰写的，因此无须将心理测量学语言翻译成商业语言。它只衡量三件实际的事情：

1. 你如何看待企业——通过什么"镜头"？
2. 在那种企业观中，你在哪些方面不平衡？
3. 你的企业观是如何直接影响你每天经营企业的方式？

最终的结果应该是，非常清楚要成为愿景、流程和意向平衡的创业者所需做的事情。

罗恩·斯滕森拥有一个20人的小型营销中心，主要业务是为其他企业提供营销文案和小产品。他们在创业的头两年发展迅速，但在后三年就停滞不前了，他不明白这是为什么。我和他一起仔细看了他的顶点特性概况，发现他过分地以产品为重点，且喜欢亲自参与生产过程。他认为这是一大优势，的确是，但是他花了太多时间在亲自参与生产上了，以至于无暇顾及企业的其他方面。

当我问他企业发展方向在哪儿，他对未来的设想是什么，他是如何具体行动以实现那设想的？他看着我，支支吾吾地完全成了另外一个人，我转移视线，不看他脸上的表情。不过他倒是也很直接，只是说他也曾试图提前规划，但通常被证实那样做是在浪费时间。

然后他要我帮他仔细看看他的企业体系和流程，看是否有改进的地方，以帮助他及其公司脱离泥潭。在那个时候，他开始斜倚在门口，明显地要送我走。他原本希望我能在生产方面帮助他，而我却只问他有关未来和流程的问题。

我向他提出要直面问题，由于他也是敢于面对问题的人，我们终于产生了共鸣。我告诉他，他们碰壁的原因很显然，因为他只注重当前的生产事务，忽略了未来（因他未曾设想未来），同时忽视了从过去的事情中吸取教训。我问他，如果出去度假，是否只管带上行李而不知要去哪儿。他紧张地看了我一眼，然后笑了，这样，我们俩朝一个方向想问题了。

在第二年，罗恩对他的发展方向及为什么他在做那些事情有了明确的愿景。而更为重要的是，他为他何时实现目标选定了"企业成熟日"。这促使他去制定一些关键的体系和流程，以加快发展，而这帮助他从生产流程中脱身，使他能集中精力发展一个在他休假时也在赚钱的企业。

罗恩一直意向明确，但缺乏流程和愿景。他是典型的在企业观和如何实现目标方面失衡的创业者。一旦他让这三方面都平衡发挥作用，他的企业就腾飞了。

切勿只顾不利未来的当前生产，忽视应吸取过去的教训。

不是你的基因，而是你的经验

"顶点特性概况"会随时间而不断完善。首先，我只是想看看我们是否能更好地评估成功的创业者的特性。在我继续评估我的客户情况时，随着其特性增多，其中有三种不同的特性越来越明显了。大多数创业者最先利用第一种特性，第二种特性用得较少，而第三种往往没什么内容。

我还发现有些人的整体企业观和他们最常用的特性并非真正与其个性相关。我发现极内向和极外向的人拥有相同的"顶点特性概况"的个性。你的概况是你学识的积累——我们都看过亲戚、朋友和同学经营企业。他们的方法、投入和得到的反馈，以及我们过去的经验，共同形成了一种很可能失衡的企业经营法。

第四种特性概况

这些特性实际上是三份独立的特性概况，而且我发现对个人来说，这三种特性概况都是不完整的，几乎没有谁天生就有平衡的企业观。因此，其中任何一种都不会好于其他的——他们都同样的不平衡。企业取得成功的关键是弄清楚如何让所有三种特性同时在企业中成功地发挥作用。他们都需要发展成为第四种特性概况，我称之为"创业者特性概况"。这有一个重要原因。

就是因为我们只是买了或创立了一个企业，并没有真正让我们成为企业的主人。只要企业所反映的是三种不完整的特性概况中的一种或两种，那么我们就不是真正地拥有企业，而是企业拥有我们，我们成了自己的雇员。

罗恩·斯滕森在开设营销企业时，认为自己是企业所有者。后来，他得知自己只是被企业拥有，仍然是企业的一名员工，是因失衡的企业观而陷入枯燥的工作中。他通过像汤姆·沃特森那样保持生产、体系和愿景平衡，从而摆脱了枯燥的工作。通过对企业观的深入了解，他发现了自己的最佳绩效。因此，他最终成了一位真正的企业所有者，他不再从事生产，并且企业在他不在场时也在赚钱。

我们看看这三种不完整的特性概况，看看我们如何利用这些信息变成第四种，并使创业者的特性概况"完整"。

就个性和领导力特性概况而言，你会发现你汇集了那三种"顶点创业者特性概况"，但有可能对其中一种的依赖超过对另外两种的依赖。

"顶点"是什么？

"apex"这个词是拉丁语中顶点或最高峰的意思。在骑自行车时，顶点是指在拐角处一条路线的最高点，骑自行车者会尽可能保持最大速度，以使在这曲线中所花费的时间最少。这就是最有效和最实际的路线。"顶点特性概况"会帮助你找到作为创业者的最佳绩效,并建立一条通向企业成熟日的最有效和最实际的路线。

以市场、体系和产品为重心

三种常见的特性概况是以市场为重心,以体系为重心和以产品为重心。以市场为重心的特性概况反映了企业的愿景,以体系为重心的特性概况则反映的是流程,而以产品为重心的特性概况则只关注今天的产品生产。

他们都不是完整的,也都不是平衡的,除非三种特性都同时用于经营企业。我们使用"重心"这个词,是因为我们希望你能明白,最重要的是我们所选择的世界观,而不是注定的结果。随着时间的推移,以及由于那些特性为我们所用,我们会日渐关注这些有限的特性。但是我们也可以增加目前没有关注的特性,从而成为更好的企业经营者。在这个过程中没有宿命论,它只是揭示了我们如何看待这个世界和我们需要增加些什么东西来达到平衡。

很多时候,我们吸纳不同于自己的他人的世界观。这是聪明的做法,我鼓励你们尽可能这样去做。但是,在企业的早期阶段,拥有那些属性,可能不切实际,但如果我们忽视它们,我们前行的道路会充满艰辛。此外,我们可以采用一种企业观,并宁愿让其他人做具体事情。

下文阐述了三种独立的、不平衡的特性概况。我们大多数人不止利用一种特性来保持平衡,但分开看待这三种特性是了解它们的好方法。

三种基本的"顶点特性概况"

以市场为重心 10%—15% 的创业者 业务开拓者 企业家	以体系为重心 5%—10% 的创业者 企业经营者 经理	以产品为重心 75%—80% 的创业者 企业生产者 专业技术人员
特征		
客户第一 "你想要买什么?我就提供什么!"	体系/流程第一 "我们做的事情对吗?让我们想想!"	产品/服务第一 "我制造了最佳的东西。别人应该买它。"

159

承受风险 "我们不断完善。"	排斥风险 "我们如何确定它在起作用?"	对风险不作为 "今天本身有足够多的麻烦。"
开办企业 "我有创业的好主意。"	管理企业 "我有经营企业的好主意。"	制造企业 "我将产品做得越来越好。"
关注未来 "明年对我们来说是重要的一年。"	关注过去 "去年对我们来说是重要的一年。"	关注现在 "今天需要完成什么工作?"
现在无计划地行事 "抢在别人之前。"	研究/计划而没有行动 "我有经营企业的好主意。"	未来有计划地行动 "埋头苦干。"
凭直觉作决定/未来 "这对我们将来会很好。"	经研究再决定/过去 "这就是过去起作用的。"	依实际情况再决定/现在 "今天我们做的那些事情很好。"
享受工作中的变化 "我马上要做十件大事。"	享受工作中的稳定 "我的确享受每天的例行工作。"	享受生产/制造工作 "我每天的生产水平不断提高。"
开始 "我稍后会完成这事。有了另一个想法。"	维持 "我们真正让它正常运转了。"	完成 "今天我需要再多30分钟来完成工作。"
信息体验者 "这是非常不错的一星期。"	信息收集者 "这是多么好的一本书。"	信息使用者 "这是多么大的产品变化。"

三种基本的"顶点特性概况"

以市场为重心 10%—15%的创业者 业务开拓者 企业家	以体系为重心 5%—10%的创业者 企业经营者 经理	以产品为重心 75%—80%的创业者 企业生产者 专业技术人员
挑战		
缺乏重心 "嘿,看!一个多好的项目!"	不能分析 "再多给一个月时间来确定。"	"提灯女神"南丁格尔式的 "我愿意这样做此事(几乎免费地)。"

缺乏组织 "我们不断完善。"	缺乏灵活性/紧迫感 "别弄乱了工作/我的体系，就照那样。"	缺乏企业重心 "我要生产，而不是经营企业。"
员工阻碍愿景的实现 "要了解什么？这很简单。"	员工打乱体系 "别再多想，只管照我的体系行事。"	员工降低了质量 "没有谁能像我一样做好这事。"
控制想法 "感谢你的想法。（不）"	控制流程/体系 "感谢你的建议。（不）"	控制生产/一切 "感谢你设法去做。（不）"
风险承受力危及企业 "要了解什么？这很简单。"	排斥风险危及企业 "别再多想，只管照我的体系行事。"	排斥计划危及企业 "没有谁能像我一样做好这事。"
市场变化 "我们提供数十种产品供你选择。"	市场稳定 "我们提供与两年前相同的产品。"	市场技术人员意识 "我们代表了技术人员，因为我们以我们制造的产品而自豪。"
通过退位管理 "明白吗？我要去打高尔夫球。"	通过深思熟虑来管理 "还有一个地方需要注意。"	通过亲力亲为来管理 "为何我离不开岗位？"

关于三个基本的"顶点特性概况"

以产品为重心的创业者：专业技术人员——"我制作了一把很好的椅子，别人应该买它。"

我曾与有四名雇员的理财师珍娜·华盛顿相约见面，但她在见面前一天打来电话问我们是否可以重新安排时间，因为她有些急迫事情得亲自处理。在她最终决定见面的时间之前，我们又一次更改过时间。在见面期间，她明确表示自己承担了很多事的压力，常常疲惫不堪，永远都丢不下工作；无论她如何努力培训整个办公室的人员，但他们都不能胜任。最后她为他们做了很多工作，这使她感到非常生气和不满。

珍娜的情况就是过于以产品为重心。她活在一个"眼前"紧迫的世界里，从来没有时间回头看看或者向前看看，因为今天的世界已紧迫得让她喘不过气来。急迫事确定了她的生活方式，她已经无暇顾及重要事情，因为她也实在看不出这些重要事情能帮她今天赚到钱。只顾赚钱是在扼杀她的企业和剥夺她的个人生活。只顾赚钱阻碍她成就有意义的事业和妨碍她关注她能做到最好的事情。这是一条死胡同，但大多数创业者都像珍娜一样陷入这种枯燥工作之中，他们都忙于扑灭灌木丛中的火苗，而无暇顾及自己没有投身扑灭大火这回事。

热衷于他们的技术

以产品为重心的创业者十分热爱他们提供的产品或服务，因为他们是专家、专业人士、专业技术人员、艺术家和工艺精英；他们是实施者、生产者、实干者和完工者。他们喜欢成为实践中的技术能手，把事情做好。他们对自己提供的产品或服务深感自豪。事实上，以我的经验，75%—85%的新创业者都是以产品为重心开始的（另10%—15%以体系为重心，5%—10%以市场为重心）。

对自有技术的热情是促使他们建立企业的动力。他们的创造精神都集中在提升自己的专长或不断改善他们的产品上。他们的精力主要集中在目前、今天需要做什么以及完善技术上。以产品为重心的创业者喜欢亲力亲为，并难以将生产任务交给雇员，因为在技术型创业者的观点来看，员工可能会降低生产的质量。他们对产品或服务的关注远远超过对市场实际所需要的关注："我制作了一把很好的椅子，别人应该买它。"由于客户也想改善产品或服务，因而能够接受这样的创业者。

只顾眼前

以产品为重心的创业者不明白需要花时间思考未来或过去。他们只对今天需要做的事情采取行动，他们认为花时间建立可让其他人遵循的良好流程是浪费时间。以产品为重心的创业者对无须大量信息或规划的战术反应很快。他们在"战略"计划或行动上不愿花太多的精力。这对完成日常工作来说是很好的优点，但无益于他们未来的成功。

出售过程还是出售结果——"营销？我的产品就是我的营销。"

"产品或服务本身那么好，顾客会蜂拥而至的。"这种专注于可靠产品的做法使得他们不断从客户那里得到如何使产品更加适销的良好反馈。以产品为重心的创业者会向这种专注妥协。因此，如果他们做任何市场营销，一定是以产品为重心的，而不是以市场为重点的。

他们犯了致命的错误——把重点放在自己制造椅子的能力有多么了不起上，而不是给客户的东西有多么好。

以产品为重心也会阻碍他们为未来、为产品价格上升或下调，或者为产品废弃而进行适当的规划。

不可避免地陷入枯燥游戏

绝大多数的企业都是由以产品为重心的创业者开设、发展和运行的，这不足为奇。他们遭遇失败的情况比以市场为重心或以体系为重心的创业者更少，因为他们能快速地筹备和投入生产。但是，从长远来看，他们今后失败的可能性比以体系为重心的创业者更大，因为他们没有合适的流程来支持企业的增长。

美国大多数企业停留在第二到第四阶段（生存，维持和稳定）的原因是，大多数企业的创始人从一开始就严重偏向以产品为重心，比如律师、医生、工程师、艺术家、水管工（并不是所有这些人都主要以产品为重点，但几乎所有人都这样做）。对那些以产品为重心，且没有让另两种特性融入其企业的创业者来说，等待他们的将是枯燥的游戏。

次级特性概况——技术人员

我发现在以产品为重心的人中有能力非常强的两类人——事业型和职业型技术人员。事业型技术人员对他们所做的事情充满热情，并希望自己的名字出现在最终的产品上。职业型技术人员的能力也同样强，但喜欢为别人工作，然后下班回家、忘掉工作，骑自行车去兜风。这两类人之间的区别是对本行业的热情。事业型技术人员开设、经营企业，通过企业来实现生活目标，从中发现自己的重要特性。职业型技术人员为事业型技术人员（和其他类型的人）工作，然后回家做别的事情。

吉米是个年轻人，因此他的企业观还没有禁锢他。当我第一次见到他时，他27岁，他所经营的企业已经有三家经营失败了，另一家处于半成功状态，他以非常微薄的利润卖了这家企业，其收益不足以弥补另三家的损失，但也非常接近了。

吉米有远见，且不断关注现实的市场，寻找那些被忽略的市场。正因为如此，在他实施"曾想过的最好主意"时，他正准备找时间实施另四个新主意了，这并不奇怪。有趣的是，我在高尔夫球场碰到了他。他没有急着要回办公室工作，他大概刚刚通过详细流程将"工作重负"放下了。他觉得自己在休息和游玩的同时尽力做好了工作。

几个星期之后，我跟吉米的办公室经理西尔维亚交谈。由于吉米的好点子太多，让她崩溃，且不断阻挠她做成任何一件事，她正准备离职。她的同事们称他为"高尔夫球场的吉米"和"吉米的新点子"。

我和吉米进行了坦诚的交流。我用激励的"诱饵"激发他持续关注某件事，我说如果他持续一年到一年半只关注一个好主意，并让它完全投入生产，那么这很可能奠定他未来几年追逐新想法的资本基础。可以说，他不停地萌生各种想法，而我们的注意力不断变换方向。大约半年后，我听说该公司最近也以失败告终。西尔维亚大概暗暗松了一口气，她不再做那样的工作了。

以市场为重心的创业者：有远见——"你想要买什么，我就做什么。"

与以产品为重心的创业者相对的是以市场为重点的创业者。他们可能大不一样。以市场为重点的创业者主要是有远见的企业开发者、风险承担者、市场化的商人、销售人员和发明家。

他们也有激情，但通常不是针对某个特定的产品或服务。他们的热情通常是为迎合市场或满足客户的需求，而与产品或服务本身没什么关系。他们的创造力都集中在如何用新产品或企业来满足市场需求。从某种意义上说，他们的热情更多的是为玩商业游戏，而不是为某项特定的业务。他们不需要成为专家或技艺精湛的人，他们会找到某个职业型技术人员（而不是事业型技术人员）为他们生产市场需要的一切。

"别担心——明天会更好！如果你需要我，我会在高尔夫球场上。"

他们往往关注未来，关注有什么样的可能性，关注未来的产品和服务。他们通常很快就对目前的产品或服务失去兴趣，将它留给别人去完善。他们不亲自参与生产，因而难以近距离接触，宁愿退位进行管理。

雇员及其他人成了障碍，因为他们赶不上创业者愿景的变化。他们希望别人去做，马上完成他们想要的事情——只是不想自己亲自去做。

快速执行——只针对要事

以市场为重心的创业者对那些能占有市场份额的好主意会迅速采取行动，无须收集信息或进行规划。相比其他两种情况，风险对他们而言较少，甚至成了吸引他们的东西。他们不在日常规划或生产战术上耗费精力，并视之过于着眼微小的事情——真正的工作在于战略，而非战术。

对市场的回应及对未来的希望

他们默认的企业战略是——今天可能不是很好，但明天可以弥补它。着眼于未来阻碍了他们开发今天需要的人才和制定流程。以市场为重心的创业者能迅速设立企业，但没有兴趣去完善它，因而在取得成功之前很容易遭受很大的损失。对市场的关注使得他们在短期内创造太多的产品，可能使他们自己及公司的力量变得太薄弱了。在经历一个又一个想法之后，经理和员工都感到被滥用了。

了解你的客户，而非你的产品

他们最大的资产是重点关注市场和顾客，愿意做出改变以适应客户或市场不断变化的需求，从战略角度看待事物，以及冒险去满足需求。他们面临的挑战包括：相对改善服务、流程和生产，他们过于关注市场或客户。在想法产生之后，没兴趣完善它。他们往往不是很好的完工者。他们通过退位来管理企业，这不是一个好的发展战略。他们身兼多项任务，这可使他们更有成效，但也弱化了他们的力量。

注意失败率

尽管以市场为重心的创业者的特性似乎很适合创业，但是如果他们过分忽视产品，那么他们会开局不错，但很快以失败告终。企业界有一些极其注重市场的创业者，这是幸运的事情——但有长足发展的不多。

企业创新和"大满贯"

以市场为重心的创业者就是我们常称之为"企业家"的人，他们是我们学习做企业家的榜样。我认同维基百科对"企业家"一词的定义——"拥有一个企业或合资企业，并为其固有风险和结果承担重大责任的人；也是一个雄心勃勃的领导人，其将土地、劳动力、资本和市场结合，常常创造和推出新的商品或服务。"

在这个定义中，创造新产品和服务（寻找市场位置）以及接受重大风险是企业家本身固有的。很少有创业者拥有这些——大多数只是挂出一块小招牌，然后想："如果我做这件事能赚钱，那该多好啊。"

我们的确也不应该期望以市场为重心的人比其他两种情况的人更好，其实他们的缺陷是一样的多。他们也有很高的失败率，因为他们承担了更多的风险（高回报、高风险），且没有不断努力去完善。所幸的是，只有少数企业是由那些以市场为重心的人开设的，因为存活下来的更少。他们对客户、对市场，或对寻找某个独特的市场空间的热情激励着他们想要从这种"游戏"中赚钱，而不是从他们热爱的某种特殊产品或服务中赚钱。

然而，以市场为重心的创业者是年复一年最具创新和创造性的新企业的源头，当他们创立企业时，经常会比其他两种类型的创业者更能实现"大满贯"，只是要当心其中的所有损失。

次级特性概况——销售人员

以市场为重心的创业者与为其工作的销售人员之间两个最大的差别是：他们愿意承担风险的大小以及他们的愿景广度。成为一个销售人员，需要愿意承担风险且能对未来充满希望，但对于仅有一个想法且要为之花掉你一生积蓄的事情，则需要承担更大风险。真正以市场为重心的人都会冒这个险。如果别人在冒更大的风险，销售人员会跟着冒险。

以体系为重心的创业者：规划者——"我该如何让这项工作效率更高？"

加里·基尼是另一个客户推荐给我的，这个客户认为我能帮助加里。我们见了面，加里跟我讲了他企业的情况，显然，我那客户的想法是对的。加里有很好的经营理念，企业本应很容易快速发展，但他已经经营三年了，几乎没有看到成长。这简直不可理喻，因为当时的想法那么好，且为了向客户提供一致、专业的产品，他付出了极大心血创建完善的体系和子流程。

在对他的企业进行探讨的过程中，我想了想企业的七要素，并认识到加里有不错的经营和交付状况，有客户满意度很好的流程，甚至还有很好的企业发展模式。虽然他没有愿景，但这似乎并不至于严重损害他的企业。然而，在我看来，在企业没有发生什么重大事情的情况下，它在几年前就应该有 1000 万美元，而不是现在的 45 万美元。

加里和我做了"顶点特性概况"，显而易见，加里是典型的以体系为重点的人，这使得他排斥冒险、多虑、前行过程中没有任何紧迫感，且通常让他无视当前的情况。他如此习惯于对琐碎小事进行面面俱到的规划，以至于在他的脑海里从来没有"快速执行"这个词。

加里和我制定了一份两页纸的战略规划书，从而让他产生一种发展企业的紧迫感；并让他开始非常有目的地向那个有挑战意味的企业成熟日迈进。第二年，他的企业收入从 45 万美元增长到了 80 万美元，第三年达到了 140 万美元。虽然企业所能增长的还不止这些，但对加里来说的确是惊人的冲刺了——他非常激动。

如果你是这样的，你已经在读这精美的读物了。

通常，以体系为重心的创业者主要包括管理人员、经理、工程师、系统化工程师、效率和效益专家、专业学者、研究人员、历史学家、维护人员、组织者和流程制定者/遵循者。他们往往在细节、研究和创造力方面具有非凡的能力，这种能力体现在制定体系和流程上。

追求卓越（或完美）

他们热衷于体系、效率和效益。他们的创造能力都集中在让生产水平提高以创造更好的利润、实现更快且品质更高的生产、降低成本，同时有稳定的工作环境等方面。

像以市场为重心的创业者，他们并不必成为产品专家或技术精湛之人。在流程改进、体系、规划、研究和帮助我们大力发展生产、提高利润率、稳定质量和保持稳定的所有方面，他们是专家。当事情进展顺利，或者变化会带来风险，那么以体系为重心的创业者希望维持现状。

从过去中学习

以体系为重心的创业者往往关注过去，保留过去已有的变化和流程，并从难以改变的过去中学习。他们能很快想出新的更改为何不起作用的诸多原因，因为过去发生过那些情况。他们没有兴趣探讨未来，只关心那些缺乏好体系或流程指导的日常生产。

员工是体系中的轮齿

他们对其体系和流程的兴趣甚于对运行体系和流程中的员工的兴趣。他们不关心市场或客户想要什么，他们也不需要对产品本身有热情。他们的热情在运营、交付、体系和流程上，以便有效地提供产品或服务。

慢、准和稳

以体系为重心的创业者很少有强烈的紧迫感。他们可能心里会有紧迫感，但是在行动上没有体现出来，这只因为对未来存在太多的未知。他们非常善于维持现状，管理重复的流程，保留过去的模式，以及完善经营手段。他们往往对新的思路、研究和行动前的各种计划都非常小心谨慎。因此，他们排斥冒险，更喜欢维持现状的安全。

研究、规划、维持现状

这是他们默认的企业战略：已知的痛苦总好过我们还没有体验的痛

苦。以体系为重心的创业者几乎从一开始就觉得有太多的风险、太多的未知数且没有适当的流程。

以体系为重心的人开办的企业（5%—10%）少于其他两种类型的人开办的企业（以市场为重心的占10%—15%；以产品为重心的占75%—85%），但是由他们管理的企业比例却高于后者。他们宁愿购买一个可以用更好的体系和流程进行改善的现成企业；或者更好的是获得已有成熟体系的特许经营权。但是，他们对内部体系和流程的关注会导致企业发展停滞和产生不必要的官僚作风。

这些都是让企业成长的人

他们最大的资产是能够以好主意将企业发展到一个新阶段；能够妥当应用流程和体系，以创造最佳的利润率并带给客户一致的体验；以及能够用别人的想法或工艺创造一个真正的"企业"。没有这种以体系为重点的人，企业不会成长起来。

他们面临的挑战是，过于关注运营，从而疏忽了客户或市场对产品的反应，将好主意付诸实施太慢，缺乏灵活性，过度控制，思考和规划太多而没有行动，完美主义，生活在过去（"我们以前从没那样做过"，或者"我们以前一直是那样做的"）。

由内而外打造一个企业

即使以体系为重心的创业者开设的企业很少，但当他们对进展太慢不满并关注发展成杰出企业的流程时，他们很可能成功。他们只对确定的事情采取行动，冒的风险较少，损失也较少。他们也因顾虑重重、没采取行动而错过大好的机会。对完善的体系、稳定性和有效性的热情，促使他们从建立良好的基础设施方面赚钱，而不论提供的是什么产品或服务。

你开始，我会让它活跃起来

当以市场为重心的人想出一个主意时，以产品为重心的人会付诸行动，以系统为重心的人会琢磨如何利用这一切赚钱，因此大家都可以说："我们的确是高效率的。"

次级特性概况——学者型

缺乏紧迫感和想要在行动前把一切都弄得清清楚楚，这阻碍了以体系为重点的人创业。这些特性通常突出表现在学院派人士身上。我们在康涅狄格州生活时有一个邻居，她花了 20 多年的时间研究与肌肉萎缩症有关的一种细胞，她对周围世界产生了巨大影响。像她那样的学院派人士对注重研发的公司取得成功是至关重要的，但他们是最不可能去创业，也不太可能去购买一个现有企业。

创业者——没人具有的第四种特性概况，但每个人都需变成这样的

汤姆·沃特森是能够自然地平衡市场、体系和产品的最佳例子，这使得他成为真正的创业者。但我们大多数人都无法做到自然平衡。我们必须努力像本章前面提及的人那样去做。但是，如果我们能雇用那些恰好拥有我们欠缺的特性的人或外聘他人来达到平衡，那么我们会有同样的机会发展成像汤姆·沃特森的企业一样的成熟企业。而且，正如一句话所说的——成熟与规模大小无关。你不必像沃特森那样打造一个 IBM 公司。你只需要打造一个当你在度假时也能够赚钱的企业，无关乎其大小。

正如我们看到的所有三种常见创业者的特性——以市场为重心、以体系为重心、以产品为重心——本身都是不完整的。以市场为重心的人具有汤姆·沃特森那样富有远见的观点："从一开始，我对公司最终会发展成什么样子有非常清晰的设想。"但缺乏流程及某种意向。以系统为重心的人帮助我们制定流程——沃特森自己思考像那样的公司该如何采取行动，"我当时描述了 IBM 该如何采取行动"。但就其本身来说却缺乏愿景和意向。

最后，以产品为重心的人给我们带来紧迫感，即今天必须完成任务的意向。沃特森认识到：除非我们从一开始就那样行动，否则我们永远实现不了目标。不过，就这一点来讲，我们只有紧迫感，而没有我们要去的地方（愿景）或我们将如何到达那儿（流程）的意识。

为建立一家杰出的企业（无论大小），上述三者必须协调达到必要的平衡。

如果你有能力雇用一或两个具有你所欠缺的"顶点特性概况"的人，那么这是一条很好的途径——引入已有那种世界观的人。如果你雇用不了，那么在你可以雇用之前，你就得不屈不挠地工作，努力设立愿景、流程和日常生产/意向。您可能不想做那些你不擅长的事情，也不愿做超越你的企业观的事情，但是为了获得成功，创业者不得不经常做一些别人不愿做的事情。那么，一个平衡的创业者特性概况该是怎样的呢？

目标清晰——我知道要去哪儿

创业者致力于长期或人生目标，并为实现那些人生目标设想了非常清晰的理想境况。他们明白，企业本身几乎不存在目标，但它是达到目标的手段。创业者利用其企业创造一种理想的境况来实现他们的人生目标。他们清楚企业的七个阶段，也明白他们处于哪个阶段，哪个阶段是他们的目标，他们需要做些什么才能到达下一阶段。

热情

他们热爱生命、生活、传统、目的，热衷于为所在社区及他人的生活作贡献，热衷于打造一家可以自行运转的企业，因而他们能够倾注于这些事情。

我有一个老板——一份简单的战略规划书

创业者以战略规划书经营企业，而不是商业计划书。商业计划书通常是复杂的，是做给银行看的。战略规划书通常只是一页纸，放在办公桌上，贴在墙上，放在钱包里，且每天都用它来推动企业向前发展、作决策，以及确保创业者没有偏离其为实现人生目标而设定的三个月及一年的阶段目标。

保持平衡和关注整个企业——不是我喜欢的

创业者非常清楚，为了企业成熟，必须重视企业的所有七个要素。对于自己擅长哪些，而哪些需要借助于他人，他们脑海中有清晰的认识。他们努力让所有七个要素平衡，因为他们明白，这样做可以让他们尽快实现自己的人生目标。

简单、平衡、受流程驱动

创业者重视获取并留住客户且能盈利，因为他们知道，这样做的唯一办法是保持过去、现在和未来之间的良好平衡。他们明白需要保持市场/客户、企业运转所需的流程和产品/服务本身的质量之间的平衡。他们特别重视能帮助他们实现企业自行运转的简单体系、流程和程序。他们已经制定了包含企业所有主要功能的体系流程图，这样，当发生员工流动时，企业仍能继续顺利运行。

使用良好的决策原则

创业者利用下列引导他们成功的决策原则：

1. 以更少的时间赚得更多的钱——每小时收益。他们在增加收入的同时，努力减少劳动时间。

2. 致力于人生目标，而不只是关注企业每天的成长。他们知道企业每年得有多大成长及其原因，这就为打造企业提供了更多的解决方案、目标和方向。

3. 努力建设企业，而不是在企业内工作。他们知道，为了建设一个成熟的企业，必须制定战略，以让自己摆脱日常的工作。他们有目的地摆脱枯燥的游戏，并重拾创业之初的激情。

4. 最高效和最佳地利用时间。他们只关注少量其他人做不了且能让他们实现理想境况的事情，而不陷入做别人能做的事情。

5. 就你想要实现的目标作决策，而不是对你现在的情况作决策。真正的创业者明白，每个阶段都需要衡量风险，以向下一阶段发展。我们还没有体验的痛苦并不比已知的痛苦深重。

6. 糟糕计划执行多次也会产生良好的结果。执行速度是成功的最佳指标。真正的创业者作出决定并迅速执行。他们的座右铭是：即刻实施，不断完美。

7. 急迫事与重要事——创业者知道，每天会有一大堆事情急需我们处理，而这些事情无助于我们在更短的时间内赚得更多的钱。这些无情的、紧迫的事情总在我们耳边叫嚷，不断阻止我们关注重要的事情。创业者略过急迫事而去完成重要事，这将有助于他们更快地打造成熟的企业。

我不是生产者（或者我可以"有选择地"参与生产）

你能轻易地辨认出创业者，因为他们不再陷入日常生产之中，这让他们有时间悠闲地画画或者离开企业较长时间忙自己的私事，而不用担心企业是否正常运转。

意向——在3—5年内成长为成熟的企业

创业者不会相信需要花20年打造一个成熟企业。他们认为只有当你充满激情且只是坐等好运降临的情况才会需要20年，但如果他们具备下列条件，一个企业在3—5年内成长为成熟企业是更为常见的事情。

a. 有清晰的目标。

b. 有实现目标的计划。

c. 承诺达到每个目标的具体日期。

总之，他们是主动出击者，而非被动反应者。他们掌握企业，并急迫地将它推向成熟，因为他们只想在理想的情况下实现自己的人生目标。

荡高空秋千——承担已知的风险

创业者最终明白，在企业中荡"高空秋千"需要他们承担已知的风险，以达到下一阶段。他们愿意承担这些风险。他们不会在企业没有成熟时仿佛已经成熟似地经营企业，但他们会坚持不懈，且有点"雄心勃勃"——现在非常努力，以便今后可以轻松一些。

外部监督人员

创业者清楚，约翰·韦恩的"强烈个人主义"是一个落败的想法。除了非常清楚人生目标和书面战略规划之外，他们通过"外部人员"来监管他们的日常工作，以确保企业运行不会进入死胡同，能作出正确的决定，以及让注意力集中在少量有助于建立在他们度假时也在赚钱的企业的事情上。他们明白，他们对自己的企业会带有主观色彩，而外部人员的客观看法是非常宝贵的。

第五、六或七阶段的企业和有意义的人生

真正的创业者可以去度假，而他的企业仍在赚钱。他们已经知道如何在更少的时间内赚得更多的钱，知道如何摆脱枯燥的工作，知道如何重拾创业之初的激情。他们利用成熟的企业来实现其人生目标。生存、维持、稳定，乃至成功都不再是他们关注的焦点。他们现在有时间去关注有意义的人生，专注于那些最能完善他们自己的事情。

在线顶点特性概况

如果你想利用在线的"顶点特性概况"，请发送电子邮件给作者（grow@cranksetgroup. com），并再申请一个号码（可参见 www. apexprofile. com）。这会将评估费用降到 10 美元。

整　　合

10. 坚持自己的道路 避免落入"普通"情形

　　20 年后再回头看时，未曾做的事情会比曾做过的事情更令你沮丧。那么，松开帆脚索，驶离安全的港湾，在航程中掌握风向。去探索，追逐梦想，不断发现！

——马克·吐温

　　现在，我们有一个愿景——在3—5年内打造一个在我们度假时也在赚钱的成熟企业。那么我们如何实现这个愿望呢？我们一放下这本书，急迫事就在等着吞噬我们。本书所讨论的重要事都会被推开，而本书也成了一本装点书架的书（会让你的书架看起来更丰富些）。

优先考虑的事情

　　改变某些东西的最好办法是用别的东西取而代之。如果你像我们大多数人一样地与急迫事作斗争，你会发现它不会因你咬紧牙关而消失，也不会因你管理时间而消失。我曾试图管理我的时间一会儿，但我发现，无论我如何努力去管理时间，我还有168个小时需要管理。

　　最终，我在无意中有了正确的念头，然后看到其他人很快发现了这种想法——我们应该停止管理时间并开始管理优先考虑的重要事情。正如我母亲说的："查克，这种事情不能作为借口，它不足以重要到可列上你的优先事项名单。"是的，我们把时间花在对我们重要的事情上。但是，你想知道你真正认为重要的事情是什么吗？回头看一看你的日程安排和你的支票簿，你就会知道了。

核心目标——为目标努力

我的观念一直很简单，因为我坚信简单的事情往往是最深刻的，也是最大财富（自由）的来源。树立正确的优先顺序最简单的方法就是要清楚你要去哪里，并坚信它是正确的去处，且设定了到达那里的日期。一旦你知道你的目标在哪儿，你就可以开始考虑哪些事情能让你最快到达目的地。在了解这些之前，你只是端着枪在树林里扫射，自称在猎熊。人生目标对成功的创业者来说是至关重要的。它就是"核心目标"。

管理正确的优先顺序——1号老板

一旦你有了正确的优先顺序，你就需要一个管理他们的工具，否则急迫事会将你完全吞噬，而你永远也到不了目的地。无论是我用的两页纸的战略规划书还是类似的工具，这都不重要，但你必须有一个可行的计划，且能兼顾现在与未来，从而你知道要达到目的地，本周、本月、本季度及今年该怎么做。

企业的外部监督人员——2号老板

正如我以前说过的，没有谁能成为一座孤岛，做鲜明的个人主义者是你可能会想到的最糟糕的成功计划。如果你的企业没有外部监督人员，且不让他们告诉你目前你处在悬崖边，那么你作为一个创业者已处于危险之中。经营企业中的许多失败只因为我们没有让其他人参与。

请行业策划咨询组和/或无股权合作伙伴来为你的企业进行指导或提供建议，让他们有权就你及你的企业问题发表意见。除非从我们自己的世界观中迷失了方向，否则成人不会学习。利用你的策划者让自己一直处于迷失方向的状态；那么你就知道自己所知道的不多，需要学习的很多。开怀接受外界的帮助，这会是你最好的安全网。

流程并不能自我管理

无论是通过流程图或是你发现的其他有效工具，你都必须将企业分解成可管理的小块，并管理那些流程。企业不能自行运行，一个没有管理的流程也根本算不上是流程。每月安排一个固定的时间来审查你的流程，以防忽视其中最重要的事情。请在你的日历上标出来。

明白自己的长处并让其他人参与进来

虽然我相信你可以拥有"顶点特性概况"中的三种创业者特性，但你千万别想以此弥补你的弱点。所有那些对你的长处是一种妥协。在创业的最初几年里，有时候你没有选择，只能尽最大努力去扮演那三个角色——以市场为重心、以体系为重心和以产品为重心；而尽快让其他合适的人参与进来，你就可以重拾创业之初的热情。

设定战略性的时间表并视其为神圣不可更改的

托马斯·哈特曼在南卡罗来纳州建立了一家建筑公司，他一直想把它发展成一家全国性的公司。他看似永远也不能突破当地的业务。在数十年后，他决定半退休地每周去钓几天鱼，而不是继续拼命地工作。不出两年，他的公司就成了业务遍及全国的公司了。他将此归功于经常去钓鱼、走出办公室，以及能够从战略角度来思考问题（完全不同于以前在办公室时应付每天的急迫事的思维方式）。

也许你不能每个星期去钓几次鱼，但你一个星期至少应该抽出几个小时做尽可能远的未来规划，并将这段时间视为不可动摇的时间。像定期会见最重要的客户一样看待它，这正是你要做的。

一旦你每周花几个小时为打造一个企业努力了，那么你会发现更多对你行之有效的方式，你不再只顾赚钱，而是开始打造企业。

象征企业成熟日

为企业成熟日的到来安排一个假期，先买一个行李箱，并一直放在你的卧室里。现在买好用于庆祝的香槟，把它放在冰箱的后面。做一些卡片，并放在你的钱包里。每月与你的重要伙伴或朋友进行一次为时15分钟的会谈，畅谈企业到达企业成熟日时会是什么样子。同时制定一个倒计时的日历，并开始在上面标示。

尽你所能使之成为你日常生活中固定不变的一部分，以此帮助你持续关注重要事。与此同时，要确保你每周、每月、每季度都举行会议进行回顾、修改和更新你那两页纸的战略规划书。

打造在你度假时也在赚钱的企业的方法

至少有六种方法能够实现你不在场也能赚钱的情形。在此提供一些思路：

• 天赋

画家雷诺阿只用了两幅画就买下了恢弘的法式别墅，用一幅铅笔素描买了车。如果你有独特的天赋，那么你每小时可以获得足够的报酬，所需工作时间非常少。如果你每月只工作几小时就能赚取足够的钱来满足你的生活所需，那么在某种意义上说，你也处于类似于在度假时也能赚钱的情形中。

这种方法存在一些问题。

首先，要让你的天赋得到这个程度上的认可，是件冒险的事情。许多人竭力想证明自己正是"最棒的天才"，但很快发现他们根本不是的。成为某方面的最佳者之一，从而能够得到高额收入，这不是件易如反掌的事情。

我的妹妹维吉尼亚·布莱克曼—伦茨的中提琴演奏几十年来都处于世界最高水平，她与最大的交响乐团合作，并受邀参与最高级别的音乐节。我的一位朋友曾问我她是怎样达到这种水平的。我说："这很简单。她具有世界一流的天赋，然后她几十年来仿佛没有天赋地忘我练习。"

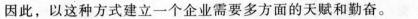

因此，以这种方式建立一个企业需要多方面的天赋和勤奋。

其次，你的企业真的没有成熟，因为它仍然依靠你来生产。如果你生病或受伤或出现更糟的情况，那么企业将没有收入。这就是作为纯艺术家面临的风险之一，他的企业只靠自己不断劳动来维持收入。因此，你最好有非常好的短期或长期残疾保险。

●员工

这是你不在场也能赚钱的最常见方式——以折扣价购买别人每周40小时的劳动，然后再以高价将它卖给你的客户。即使你不在场，两者的差价也在为你创造利润。

大多数的创业者是以产品为重心的技术人员（见第九章有关"顶点特性概况"的内容），而这类人本能地不喜欢员工。他们认为世界上没有谁能够像自己一样做得好，而且只要我们那样想，就是正确的。我敢肯定，菲尔德斯太太现在聘请的人比她更会做饼干，查尔斯很可能有许多比他更善于投资的股票经纪人。

如果你不能摆脱技术人员的思维，且看不到比你更好的员工，那么你得在另一种战略上下工夫了。但是，聘请员工通常是建立一个成熟企业最容易、最有可能的方式。不过，我的计划中员工数极少，因此我得在其他战略上花心思。

●开发独特的产品/服务

如果你没有超凡的天赋，也不希望聘请员工，那么你可以创造出许可他人生产的产品或提供的服务。或者，你可以将你的服务特许给他人去经营，或者提供不需要太多维护的在线软件、产品或服务。除了有很大的不同之外，这的确是我们所列名单中的首选项——天赋——的另一个版本。

如果其他人可以采用或经营你开发的产品或服务，那么你就不必像艺术家或医生那样直接靠自己的天赋生存。在利用"天赋"的方式下，你只能通过每次工作来获得报酬，比如通过绘画、手术、音乐会，等等。当你创造了独特的产品或服务，就有许多方法可以通过它来赚钱，而不必亲力亲为。

●许可或特许

我曾经看过一个有关技术的纪录片，上面讲到以太网的发明人之一

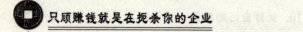

罗伯特·梅特卡夫坐着豪华游船在纽约港游玩。显然，他在那项发明上赚了很多钱。如果你能创造某些东西可以授权给别人使用或经营，那么你可以通过这种许可让你在度假时也能赚钱。

有时候，你创造的不是一个实在的物体，而是一种服务。如果你就某些事想到了一种独特的办法，那么你可以授权他人使用，或让他们从你这获得特许经营权。道格·罗特在丹佛有供孩子们玩的室内攀岩项目"丛林探秘"，在一个地方经营了 15 年之后，他向全美国出售了多处专营权。他的独特理念在没有特许知识的情况下难以复制。这让他在度假时也能赚到很多钱。

- 提供维护少的产品/服务——年金收入

如果你能创造你不在场时别人也可获得和使用的东西，那么你可以在度假时也赚钱。我的儿子格兰特·布莱克曼为乐队创建了一个名为"后台"的在线订阅工具，以供他们出售歌曲。这款工具独特，而且比 iTunes 和其他工具的收费更低。当他在度假时，别人仍在购买歌曲；因此他不在场时也在赚钱。

互联网的出现为开发维护少的产品/服务提供了很多重要机会；但不幸的是，它也催生了快速致富想法的新趋势，比如希望用"惊人的、机密的、富有的、简单的、非劳动收入以及独一无二的"之类的广告语通过廉价的网站获得无穷的财富。在此提醒一下：垂死的营销计划的最后遗言就是"我也一样"。如果别人都这么做（无数个网站声称他们有致富的秘密），那么这可能不是供你驻留并希望在度假时也能赚钱的好地方。

房地产是另一种维护需求少的产品。如果你投资正确（请寻求帮助！），那么你每年可以源源不断地得到收入——你不在周围时仍然会有收入入账。这同样适用于股票、债券和其他形式的投资。

年金收入是一种持续定期的收入，而不是由于出售某些东西或完成一个项目等一次性偶然收入。年金收入是开始建立一个在你休假时也能赚钱的企业的良好方法。

在一次行业会议上，我认识一位房地产经纪人，他用一个非常好的网站应用程序来吸引感兴趣的购房者。但经过对这些人半年左右的跟踪之后，他发现他们大多满腹牢骚。他向其他房地产经纪人抱怨这件事，而他们表示很高兴得到这些信息。因此，他最终通过向其他人（他们乐于得到这些）提供这些不确定的线索而得到不错的收入。有时候，我们并不知道自己正坐在一座金矿上。

● 合作

如果你不是超凡的天才，也不想要员工，而且不想要可以出售的独特工艺、产品或服务，那么你可以走合伙这条路。三个牙医共同经营一个诊所，这让每个医生都可以离开诊所去度假，而无须关门。这不是真正的在你度假时也在赚钱的情况，但也是一个不错的选择。

这种合伙经营很难获得成功，请谨慎选择。通常来说，雇用少许牙医作为员工会比合伙经营更能赚钱。在合作中，会存在太多的意见，且没有人真正负责。因此，请尽量避免。

● 非劳动收入——没有的事儿

这儿要对所有梦想非劳动收入者说一句话——"根本没有非劳动收入这样的事"。请从你的字典中剔除那个词，并用"年金收入"取代"非劳动收入"，"年金收入"最接近于你最终得到的"非劳动收入"。"年金收入"是每天或每周或每月经常性地产生，且无须像正常收入那样予以关注。你可以从拥有的房地产上获得，或是从人们会不断购买的某个网上产品/服务中获得，或是从与个人或公司的长期合同中获得，或从人寿保险或金融领域等方面获得。

根本没有非劳动收入这样事

但是，如果你希望获得无须费神的收入（"非劳动收入"），那么你需要调整你的思想。根本就不存在"非劳动收入"这样的事情。所有收入都必须在一定程度上予以关注、管理和想方设法去实现，否则它会很快离你而去。很大部分的彩票中奖者最终都陷入财务困境和破产，只是因为他们认为他们有非劳动收入。

股票市场同样如此。每隔几十年，我们就需要一次大股灾来提醒我们这并非"非劳动收入"。可悲的是，许多退休人员由于他们没有妥善管理自己的投资，或由于采取消极的方法而最终损失了一半或一半以上的财产，他们不得不回去工作。

"年金收入"所花费的精力比任何其他方式都少。力争获得"年金收入",它是一个成熟企业的基础。从你的字典中去掉"非劳动收入"这个词,你的生活在经济上很可能会过得更安全。

● 无论采取什么方式

即使有了这些措施,你仍然会面临心烦的事情、费力的挣扎、难挨的时刻以及厌倦的时候,这些都会无情地阻碍你向企业成熟日迈进。你要尽可能地多得到帮助。以"核心目标"和你的"两个老板"开始,然后与跟你一样致力于打造一个成熟企业的人建立一个"3—5年俱乐部"。

每天五分钟

通过这些年来自己经营企业和帮助他人所经历的磕磕碰碰,对于企业为什么会成功和为什么会失败,我们总结出了一大堆原因。这是下一季度要写的书,但另一件对你可能有帮助的事情就是——为了给你每天追求成熟企业提供一种氛围,每天开始工作时应当安排五分钟的时间为"愿景时间"。

每天花五分钟(或许就在你下床前)审视你的人生目标、你的理想生活方式及企业成熟日,并养成这样一个习惯——在你疲于应付当天的"急迫事"时阅读一两段能保持头脑清醒的文字。我们已经清楚,我们需要经常对接下来讲述的 22 件事情保持清醒认识,以便能不断向前发展。

每月有 22 个工作日,如果这些事情对你有用,那么每天从它们开始,或者在你需要重新考虑时重温一下它们及本书中的其他思想。

#1 别让你的生活方式超过你的企业

经常问自己两个问题:

1. 我的企业处于企业发展七阶段中的哪个阶段?

2. 我生活在什么阶段?

我们迫切希望处于有意义的第六阶段或成功的第七阶段,以至于即

使企业还处在第三或四阶段，我们就迫不及待地要过那个阶段的生活。

有些人喜欢用"生活式企业"这个词。那是"业余爱好"的委婉说法。真正的生活式企业是一个让你实现你理想生活方式的企业。经营"生活式企业"的大多数人根本没有靠近他们理想的生活方式。

这也难怪为什么成功的企业那么少。我们常常超前于企业两个或三个阶段。回到适当的位置并将你的企业引向你想要的阶段。这样，你的企业会运转得更好，且你更有把握实现企业成熟日。

#2　站在镜子前问自己"如果无所畏惧，我现在会做什么？"

如果你无所畏惧，那么用"排斥冒险、损失金钱、陷入日常工作、抱怨世道、采取行动前追求完美、承担太多风险、仓促决定或忙于生产来赚钱"这些正在阻碍你前进的词句替代那个词。你会逐渐发现那句话会得出不同的词或词语，那是帮助你做正确事情的最佳办法。提出一些想法，并让企业外的监督人员实施，然后向前行动。

鲍勃·帕森斯是帕逊斯技术公司和 GoDaddy 集团的创始人，他说："远离你舒适的区域。"麦当劳的创始人雷·克洛克在这一点上更老套，他说："如果你不想冒险，那么让企业远离困境。"

#3　我们往往得到我们想要的，而不是我们希望得到的

我们生活在一个即时享乐的世界，接受快速致富的方法、成功的秘诀、教我们坐等且"相信"自己的成功之道的方法，以及接受其他干扰我们真正能取得成功的事情。

但是我们知道，关键是有意向。你真正想要的东西会在你所做的事情上显示出来，而不是你所说的。认真看看今天你的时间和金钱投放在哪里，并看看那些地方是否与所说的密切相关，是否是你的人生目标和企业成熟日。请制订一个合适的计划以进行必要的中途修正。

#4 荡高空秋千——决策基于目标，而不是目前情况

梦想者空谈未来，有远见卓识者有意地走向未来。你正在逃避的却是实现企业成熟日所需承担的风险有哪些？这些风险就是我所称的"高空秋千"。

我认为我们不冒有益的风险的最大原因是我们对目标及何时实现目标不够明确。如果你没有就你的企业目标发出感人号召，那么你不会有很好的理由去冒险。你甚至不能分辨风险的利弊，使得你更加排斥风险。但如果你知道最终目标是什么，你的企业在成熟时是什么样子，那么在远处有一盏明灯将指引你远离不良风险，并鼓舞你必须冒有益的风险（这些风险将让你企业成熟）。

我希望这有助于您了解到明确你的企业成熟日是多么重要。如果你认为设置一个日期让你提心吊胆，那么想想在企业的沙漠中漫无目的地游荡 30 年而最终一事无成有多么可怕吧。一旦你决定公布企业成熟日，你就会看到与你所想的完全相反的情况——它是令人自由的、雄心勃勃的、兴奋的，还有一点点令人愉快的。它会每天让你有前所未有的动力起床。

你将不得不放弃一些正让你安全进入下一步的东西。那是什么呢？决定承担这个风险吧，设定一个日期，并公开它。让你企业外的那些监督人员参与这一过程。

#5 梦想者和有远见卓识者

如果某人可以向我描述某种未来希望的情况，但没有希望实现的明确日期，且没有积极追求那个目标，那么他只是一个梦想家。梦想家喜欢思考未来以及未来可能的样子，但未来的情况和为实现未来目标今天所需做的工作之间没有实际关系。一个梦想家从不设定他们打算到达目的地的日期。梦想家的工具箱里没有"意向"。

梦想者和有远见卓识者之间的区别在于，有远见者已经采取了造成

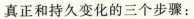

真正和持久变化的三个步骤：

1. 作决策（不再空谈，不再梦想，作出承诺）。
2. 设定日期。
3. 公开设定的日期。

这样做的人就已经是破釜沉舟了：他们将自己置身于"他们的一切行为重心是未来的情况"这一境地。从现在开始，他们每天都在积极地做一些会让他们到达目的地的事情。在你采取那造成真正和持久变化的三个步骤及采取行动向那个清晰目标和日期挺进之前，你也只是在梦想和胡乱折腾。

梦想者从不设定他们打算到达目的地的日期。

#6　清晰、希望和风险

清晰——你是否清楚今天应该做什么以建立一个在度假时也能赚钱的企业？如果不清楚，那么看看你那两页的战略规划书、你的企业成熟日和你的人生目标。

希望——愿望和希望的差别很大。愿望来自梦想，而希望来自清晰的愿景。一个清晰的愿景会让人们清早有起床的动力，因为他们希望能实现那个愿景。梦想者躺在床上，愿事情变成另外的样子。你有真正的希望吗？你将自己视为是未来自己的影子，与我的朋友唐纳德·麦吉尔克里斯特所说的一样吗？

如果你对目标有清晰的构想，你就能希望你会实现目标。

风险——如果你对未来抱有希望，那么你更可能会承担一些衡量过的风险。股市因为人们不抱希望且不冒险而下挫。创业者因为对理想生活方式的工作没有足够清楚的描述或者没设定何时会实现而停滞不前。

风险来自希望，希望来自清晰的目标。弄清楚本周你要实现的目标，以及它与你的人生目标及企业成熟日是怎样的关系。

#7　降落伞的问题

如果我们有一条秘密通道，我们就会自行选择落败。

处于早期阶段的微小型企业失败的一个重要原因向来都是——创业者在胡乱折腾。他们没有尽全力工作。他们认为，明智的做法就是保持现有的工作，让自己的办法适应梦想。这看似有理，而且在某些情况下，这是唯一要做的正确事情。

但是，当我们碰到艰难的问题时（每个新企业都会碰到的现象），实际的结果往往是潜意识地用降落伞跳出企业。如果你是飞机上除飞行员外唯一的人，且飞行员已经死了，你有一把降落伞，你会怎么办？想办法脱险！如果你没有降落伞呢？（抱歉）那你就要去参加关于如何让飞机着陆的速成班。

如果我们有一条秘密通道，或有逃生阀，或有"出口"，我们就会自行选择落败。每个小企业的成长都经过艰难的时候，如果我们有一把降落伞，这很容易让人去"逃脱"。

尽可能快地用破釜沉舟的方法来经营企业，这样你更可能取得成功。

#8 追求简单，远离复杂

简单的事情让我们成功，复杂的事情让我们疲于奔命。

奥卡姆的剃刀定律表明，考虑到一个问题的两种可能答案，通常简单的是对的。如果我们采用这个古老的想法来经营企业，那么我们会赚到更多的钱。

我发现成功的创业者知道如何筛选掉急迫事，而把重心放在重要事上。最终，看来几乎总是简单的事情使我们成功，而复杂的事情让我们疲于奔命。

具有讽刺意味的是，简单的事情往往很难去做，而复杂的事情都很容易做到。

我身陷复杂的事情里。当面对一些将使我赚钱的简单事情时，而我发现有些事情很难去做，我四下寻找一些会浪费我时间的复杂事，而这些事情让我觉得我是富有成效的。成功的创业者清楚，简单事会推动他们前进，因而在这些事情上面倾注时间和精力。

经理们应付复杂的事情；领导们应付简单的事情。领导你的企业持续关注那几样简单的事情，这将会让你在更短的时间内赚得更多的钱。

#9 约翰·韦恩又主张——强烈的个人主义

猫鼬都过着群体生活，难道你不应该吗？

这是神话。

如果你告诉我可以在这社会上某个地方采取这种生活方式，我把我的帽子吃下去。

你结了婚，立即有了家庭这个小团体。你搬进一个社区，就会融入更大的团体中。你买了辆自行车并加入自行车俱乐部，则可以结识更多的人。你加入高尔夫球俱乐部，社会圈则会更大。而你创业只靠自己——那祝你好运吧。

这只能说是疯了。哪儿冒出的念头说创业者得是"单飞的老鹰"？除极少数例外的情况，大多数成功的创业者都会有"外部人员"监督其企业，这些外人可以评说他们的领导方式、决策办法和发展方向，并帮助他们到达他们必须去的地方。如果你认为你可以独行，那么我可以给你介绍一大堆那样想但没有尝试那样做的人。

你不知道所有事情，你也没有经历过所有事情。书本只给我们信息，而不是知识。知识来自经验，而智慧来自极其丰富的经验。我极其需要外部人员监督我的企业。

约翰·韦恩死了，愿他安息。强烈的个人主义应与他一同被埋葬。这样，我们都会拥有更好的企业。

#10 "我喜欢我做的事情"（这是个问题）

建立一个可让你做几件你喜欢的事情的企业。

看看这种说法："我不想建立一个企业，因为那样我将无法实践我的技艺……我得忙着经营企业。"

弗兰克·盖里是世界著名的建筑师，他就是这样的主人公。弗兰克已经建立了一家很不错的建筑公司，但他不是那种坐在办公桌前看电子报表的人，他让别人做这些事情。由于建立了成熟的企业，弗兰克·盖里可以选择做自己想做的事情。我看了有关他的资料，看到他花很多时间玩黏土、造型、分门别类并捏成型。当他这样做完后，他就把它交给他的员工，对员工说："这样，照这个做。"然后，他接着弄下一块黏土。

这一点？如果你在建立一个成熟企业上花时间，且你喜欢做一个技艺精湛之人，那么你可以按这种方式设计你的企业（你是主人！），从而能比以前有更多的时间提高你的技艺。

建立一个企业并不意味着终结你的技术生涯，而可能意味着你有更多的时间去钻研技术。最重要的是，这意味着你现在很富有，而不只是有钱，因为你现在有时间可以选择想做的事情。无论你想从事生产，想打高尔夫球，或想花时间行善，只要你想，都可以。

#11　控　制

我们浪费大量时间去证明谁也不能做得像我们一样好。

尽管称"控制"是企业不成长的原因让人烦恼，但我不得不这样。我们本不应与这个问题作斗争，但不幸的是，我们大多数都是这样做的，"控制"成了促使企业失败的一个因素。我们认为，世界上没有一个人能把工作做到与我们一样的好。

请克服这种想法！

想要建立一个在你度假也可以赚钱的企业吗？你必须得与你的企业一起成长，并将放开其他人更擅长的那些事情，从而你可以自由地做自己最擅长的事情。

身为控制狂，其实这就是企业从来没有成长的最大原因之一。以产品为重心的技术精英认为没有谁能做得像他们一样好，而且他们通过"扼杀"员工，认定员工笨拙得教不会、流程界定一团糟等来证明自己的观点。可悲的是，大多数企业都是由以产品为重心的技术精英开创的。

如果你想要一个夫妻小店经营 40 年，你只能出售其资产和客户名单，然后掌控一切。否则，回头去读读有关"顶点特性概况"、流程图及如何摆脱枯燥工作的章节，并弄清楚怎样充分利用你的时间。这样，你在建设一个在你度假时也在赚钱（而不是你在赚钱）的企业时会拥有更多的乐趣。

#12   持续且故意的困惑——被害者研究

找找那些比你更不幸但成功的人，然后以他们为榜样。

这个有吸引力。将它写在一本书中比创业者面对它更容易。企业失败的原因之一是我们下意识地，甚至是故意保持糊涂。无论有人如何试图让它更清晰，你的情况多少仍是特殊的、独特的、没有人能够解决的情况。

我与很多这样的创业者打过交道，那是最难改变的心态。只要我不清楚，我就不必负责任。这是受害者的心态——我为何弄不清楚如何才能获得成功，其中有很多无法控制的原因。只要我没弄清楚，我就是那特定的、独特情况下的受害者。

环境不会让我们认清自己，也不会教我们如何应对。

意向性是非常重要的。我曾经说过吧？如果你想弄清你和你的企业目标在何方，以及何时实现目标，那么你会弄清楚的。如果你想仍然糊涂，甚至是潜意识里想糊涂，那么你也会糊涂的。但是，请记住这一点，你的情况并非特定的、独特的或就是那糟糕的一类。我们从来不难找到遭遇比我们更不幸的人，也很容易找到像我们一样但成功的人，而我们没有成功。

#13   担心有可能发生的事情

只担心很可能发生的事情，绝不要担心有可能的事情。

害怕失败是我们不能让企业走向成熟的很大原因。但不幸的是，如果你害怕可能会失败而从不尝试，那么你就已经失败了。因此，不要放任自己有这种想法——认为就是因为你没有去尝试才没有失败。

世界上有两种担心。

担心有可能发生的事情；担心很可能发生的事情。

你应该担心那些很可能发生的事情，而不是那些有可能的事情。如果你担心有可能发生的事情，那么由于熊可能会伤害你，你永远不会去可能有熊的地方。如果你担心很可能发生的事情，在你徒步行走且看到面前有一头熊时，那么你会尽快离开那里。

担心有可能发生的事情会使你不能正常活动，担心很可能发生的事情则不会，且能阻止我们做愚蠢的事情。担心有可能发生的事情会妨碍我们真实地看待世界，因为我现在所乘坐的飞机上有可能正好是那几千分之一的不能正常飞行的。无论是作为个人还是企业，担心很可能发生的事情不会让我们陷入即将发生的险情中，这实际上有助于让我们保持前进、成长并锁定在我们的人生目标上。

#14a 害怕成功

如果你害怕成功，那么你的核心目标并没有足够大或者足够清楚。

担心的另一部分是奇怪的，但并不那么常见，即害怕成功。如果我真的成功会怎样呢？那会给我太大的压力吗？我的失败在我周围的世界里会更显眼吗？我只喜欢在一个小小的世界里犯点错——我就只经营我的小店，不会尝试做任何对生命有重要意义的事情。

我不能帮你。我只能帮你面对它，并决定你是否要战胜它。我可以说，如果你的人生目标、理想的生活方式和企业成熟日期对你来说都还不明确且摇摆不定的话，那么对成功的任何恐惧都会压倒它们。请记住，目标清晰带来希望，希望促使我们敢于承担风险，走向成功。你人生的愿景可以帮助你克服对成功的恐惧。

#14b 担心失败

人们往往发现自己难逃曾选择逃避的那条道路。

让我告诉你一些你应该担心的很可能发生的事情：如果你不 a. 决定去做某事，b. 设定一个日期，以及 e. 公开，那么很可能你将永远不会实现任何有意义的东西，只是因为你从来没有这种打算。这是值得担心的。

如果你努力去实现某些东西，有可能你不会实现。但是，如果你不去尝试，远不是很可能（而是百分之百）你不会实现。还有，没有决定成了决定——你已选择担心和失败，而不是承担风险和回报。

在此还有必要说一遍：人们往往发现自己难逃曾选择逃避的那条道路。

#15　担心不知道每一步

乐在旅途中，而非目的地。

2011 年 2 月 18 日 10 时的成熟对我的企业意味着什么，我是非常清楚的。这是否意味着我已经明白了所有的细节？不是，恰恰相反。我猜想我回过头去看，会嘲笑某些设想，嘲笑某些我们曾认为会很重要的事情，嘲笑有些本是最重要的而我却没有想到的事情。我不在乎这些，因为我有权利问："我该如何建设一个成熟的企业，什么时候能实现？"问题正确，也就得到了 90% 的答案。其余 10% 正迫不及待地肯定你正在得到它，这意味着我的答案在不断完善。

记得托尔金的《魔戒》三部曲中的佛罗多以及他进入魔多的旅程吗？他完全不知道怎样到达魔多，但他非常清楚必须到达那里。他对必须得到什么样的最终结果毫不糊涂。

我们大多数人并不像他这样的生活。不幸的是，我们对充分了解过程的兴趣甚于了解目标的兴趣。由于我们对去往任何地方的旅程都没有惊喜发现，我们就会放弃对最终结果的了解。

我可以坚定地告诉你，关键不是事先弄明白整个过程，而是弄清你要什么样子的成熟企业，以及实现企业成熟的准确时间。如果你知道要去哪里，由于最终结果是如此的清晰，你就会设法弄明白去的过程。你的"魔多"在哪儿呢？树立清晰的目标，遵循下面几个步骤，你就会做得很好。

#16　速度、意向、紧迫感和愿景

执行速度——成功的最佳指标。

企业不能成长通常是由于我们缺乏执行速度。我们没有快速执行，是因为我们缺乏意向。我们没有意向，是因为我们缺乏重要事情优先考虑的紧迫感。我们不知道什么是重要的，是因为我们没有愿景。我们全然不知最终去向何处，或要何时到达那里。目标清晰带来希望，希望促使我们承担行动的风险。在企业建立的最初几年里，执行速度是成功的最佳指标。鉴于此，那就行动吧。

#17　意图

意图——自身显露出一心一意追求成功的意愿。

我会推荐别人阅读的唯一一本励志书是约翰·麦考马克写的《在美国靠自己成功》。约翰介绍了一个不起眼的词"意图"，我现在用这个词作为我日常活动的一部分。

我将约翰书中的定义缩短了，读起来就是：

很长时间以来，心理学家定义了所谓的"精神的三个方面"：认知力——思考的能力；感情——感觉的能力；以及这个有趣但不显眼的词"意图"——行动的意愿和能力。

我发现很有意思的是，我认识的每个人几乎都对认知力和感情有很好的认识，而几乎没有人（包括我自己，直到几年前我才认识到）对精神的第三个方面"意图"有所了解。我们的教育体系和扭曲的学习观促使我们的思想和感情几乎到了排斥意图的地步。很少的工作是以意图去完成的。凯西·科勒贝（www.www.kolbe.com）是应用意图的闪亮明灯，以防我们失去"意图"这个最宝贵的词。

我认为这个宝贵的词没有得到太多关注的原因是，我们以自己的方式去料想新的行为方式。我们将认知力（想法）视为另外两个方面最重要的基础。当然，我们都喜欢去感受。因此，感情也就得到足够的关注。

但是，我们不通过新的行动来思考，我们换一种新的思维方式来行动。

想要企业成熟吗？将"意图"添加到你的日常动词中去——自身显露出一心一意追求成功的意愿。清晰——我知道自己的目标；希望——争取成功的意愿，来自对目标的认识；冒险——专心追求——实际上在行动。

　　这就是意向性的问题。让我们换种方式看看。多年前，一位澳大利亚熟人坐在我的客厅里跟我谈论思考方式。他对我所知道和做过的事情作了一番评述，而我自己从来没有真正地去描述过它们，只是潜意识地想过。

　　我们不通过新的行动来思考，我们换一种新的思维方式来行动。

　　改变我们的是行动，而不是思考。思考能为行动做准备，但是当我开动船并前进时，我学到的东西会比坐在那里想如何前进要多得多。意向性是非常重要的。没错，我再说一遍。

　　为你想做的事找一个合理的想法，尽可能地清晰勾勒你的理想生活方式的样子，以及你的企业必须是怎样的以支持那种理想生活，设定目标日期并公开，然后开始行动。请记住，企业早期阶段成功的最好指标不是规划、研究、产品布局、市场营销、销售，或完美提供的产品或服务，而在执行速度。

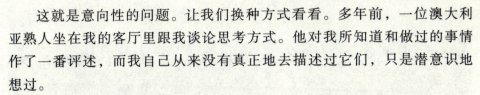

#18　实施中的不完美计划总好过还在研究的完美计划

　　成功在于努力实施你那不完美的计划，而不在它的完美。开始行动！

　　缺乏意图会阻碍我们前进。我们太过关注认知和感觉，以至于我们从未设法去做点什么——总是在学习，永远不能得出真相（情节）。

　　别再想你在做什么，认知不会让你到达目的地。别再等待感觉好了。情感是阻碍未来成功的指示器（它只会告诉我们过去的事情）。制定一个合宜的计划，确保一些客观的局外人来告诉你你不是疯了，然后努力实施计划。

　　决定你成功的并不是你的计划有多么好，而是你有多么努力去实施那个不完善的计划。只要你清楚知道你想要去的地方，什么时候到达那里，那么你就会弄明白前进的过程。

　　认知要求我们在行动之前了解方法并明确过程。意图要求我们知道目的地在哪儿，要什么时候到达那里，并要求我们尽快为到达这一目的地开始行动。别站在那里讨论子弹从哪儿来的。请拥有意图——开始行动。

#19　要是我错过了企业成熟日会怎样呢？我就失败了吗？

"无计划的希望"不是一个好的经营策略。务必设定企业成熟日。

假设到达企业成熟日是你的目标，好的，可是你没能如期实现，失败了。但是，如果到达企业成熟日仅仅是实现人生目标道路上的一个定位标，那么这不算失败。你只需调整策略，继续前进，因为唯一重要的事情是实现你的理想生活方式，从而你可以充分实现你的人生目标。

请记住，在传统意义上，人生目标不能实现——你永远无法在完成目标时检验它。只要你身体健康且有资源去做事，你就可以一直从事非营利事务、外出旅游、与孙辈逗乐、健身、影响他人的生活，以及做你觉得对你有意义的任何事情。

如果你设定了四年后的某天为企业成熟日，到了那一天，你的企业并没达到你想象的成熟度，那又怎样呢？事实上，通过怀有清晰的目标去冒险争取，你已经离那个目标点非常近了。因此，如果你要重新调整并延长六个月或一年时间到达目的地，那会是怎样呢？那么，你只是花五年时间实现目标，而不是四年时间。如果你在四年内没有这样努力去实现目标，那么 30 年后你仍然会在企业的第四阶段上枯燥地工作着。这不是失败吗？

我承担提前六个月或延后两年到达企业成熟日的风险，不让任何一天是"无计划的希望"。

我们知道，"无计划的希望"不是一个好的经营策略，具有讽刺意味的是，"无计划的希望"肯定会导致失败。没有什么结果是随机性的。如果你只是梦想企业到某一天会支撑具有意义的生活方式，那么几乎可以肯定的是，你永远不会实现它。不要担心错过了你的企业成熟日——没有设定企业成熟日才可怕。

#20　七个决策原则让我们实现盈利

我们如何作决定会影响我们所做的一切。是你引导你的企业还是它控制你？你只是应付显眼的目标，抑或是用简单的战略规划书领导企业吗？谁是真正的主宰者？

就像铁轨引导火车一样，你的决策原则应是拥有明确目标且知道如何实现目标的企业的核心战略。

奇思妙想集团的七大决策原则

1. 企业成熟日——知道我的目标在哪儿及何时实现目标。

2. 在较短的时间内赚得更多的钱。

3. 关注我的人生目标，而不只是关注让企业成长。

4. 摆脱枯燥的工作，拥有企业，而不是企业拥有我。

5. 最高效、最大程度地利用时间，为企业工作，而不只是在企业工作。

6. 根据目标作决策，而不是根据目前状况。

7. 不完美的计划大力推行多次，也会产生好的结果。只管行动起来。（海军足球队的座右铭——1980，也是我下一本书的主题）

这就是我的七个决策原则。你的又是什么呢？

你企业的决策原则是什么？

如果你已有决策原则，不妨把它们写下来，看看你与真实的情况是否相符。如果不相符，那么进行更改，并控制你企业的未来。

#21　陷入中立状态

如果你对自己的生活没有设立一个愿景，那么你就会成为别人愿景的一部分。

对于建立一个企业或完成生活中的任何事情，最糟糕的方式是逃避某些事情。那些刻意不想变得像他们父母那样嗜酒的人更有可能像他们父母一样。因为他们没有面对那些事情，而是在逃避。

对于建立一个企业和实现有意义的生活，最好的方式是疯狂执行某些事情，感觉就像在你背后有一团蓝色火焰，一边大喊着："我就是要做这件事！"这就是为什么我那么疯狂地要你知道你的人生目标和企业成熟日——从而让你疯狂追求它们。那些照这种方式做的人几乎都是成功的，而其余的人就脱离了他们的发展道路了。

但是最糟糕的弊病是没有逃避或面对任何事情，而仅仅是陷入中立状态。我引述约翰·希南的话多次，他说：如果你对自己的生活没有设立一个愿景，那么你会成为别人愿景的一部分。

想想你要追求什么？为什么？

#22　过迷惘的生活

肯定自己知之甚少，过迷惘的生活。

正如我在研讨活动和专题演讲中所说的，我认为成人只有在迷惘时才会学习。在我们倾听之前，需要摆脱我们的现实情况。年幼的孩子们一直在学习，因为他们百分之百地确信自己仍不知道一切，因而只管大量地吸收知识。当我们长大后，我们开始确信自己懂得各种事情，因而停止了学习。

当我开始参加高尔夫球学习班时，几年来我已经在努力学习有关知识，已阅读了有关书籍，因此我想自己至少掌握了20%有关打高尔夫球的知识。经过为期一年的学习后，我才知道自己原来所学到的不会超过5%，随着了解的深入，这一数字还在快速下降。

肯定自己知之甚少，过迷惘的生活。

到达目的地

斯蒂芬·利普斯科姆是我的一个客户，他在25岁时决定将在50岁时退休，届时有600万美元银行存款。到50岁时，他有600万美元，并且退休了。第二年，也就是在2008年房地产市场崩溃的时候，他失去了一切。他彻底被摧垮了，他来找我，想知道如何收拾残局，重新开始。他很沮丧，不能在办公室安心工作，大多数时候，到下午一点他就回家去了。

斯蒂芬只是在原地挣扎，对于如何恢复到正常状态，他彻底手足无措了。他花了 25 年来积攒那一小笔财富，现在想着要再辛苦 25 年，一直要工作到 75 岁时，的确令人窒息。他曾辛辛苦苦工作所得到的一切，现在已经全没了。他的生活成了一个空壳，他只是他以前自我的影子。

但是为什么呢？真正的问题是什么？是花 25 年积累足够的钱享受生活吗？我不这样认为。斯蒂芬目前沮丧的根源是，他曾打算花 25 年这样做，而且做到了（第一次）。因此，他向自己证实了现在还得再花 25 年实现那个目标（第二次），75 岁才能实现目标，这着实太难以承受了。

我不是"积极思考"的忠实拥趸，因为"积极思考"往往与积极行动、积极的技能发展、积极的纪律和勤奋并非相关的。但我认为斯蒂芬觉得未来无望的最大原因在于他自己过去和未来的意向。他曾打算花 25 年去完成工作，他做到了。于是，他设想今后还得花同样的时间和精力。事情会那样，因为他相信会是那样的。

我们得到我们所希望的。当然，期间也会有外部因素加快或减缓这一过程，但是，我们最终几乎都到达了曾打算到达的范围内。不过，比到达我们原定的目的地更为重要的是，我们几乎都是在我们决定何时到达的时候到达的。

为什么大多数人在 60—70 岁退休？因为那正是他们打算退休的时候。这与花多长时间积累到你过有深刻意义且丰富的生活所需的东西无关。大多数人花 30—40 年才能完成，因为他们从来没有打算做别的。

不作任何选择仍是一种选择。没作选择的情况下，我们选择花 30—40 年建立一个成熟的企业，但从未实现。我们经常成为别人愿景的一部分，是因为我们没有设立自己的愿景。你是被急迫事拖累了，抑或是你用触角抓住了重要事，并为自己创造了一个有意义的未来？

如何创造你的未来？

你怎样驾驶一艘船呢？若知道不是通过移动舵来驾驶船，而是移动船，你也许会感到惊讶。事实上，除非船在移动，否则舵无法转动船。船开得越快，你就越不必通过舵来影响船舶的行驶方向。

只是思考、规划、研究、希望、愿望及等待合适时机行动，梦想不会成为一种愿景。世上没有合适的时间，也没有一个完美的计划——开始时都是不完美的。因此，作出决定，并开始行动。行动会给你反馈信息，从而将不完美的计划变成完美的计划。

要是斯蒂芬决定这次花四年时间来实现目标会是怎样呢？一个人花25年积累了600万美元的个人财富，他能在四年或五年内完成么？他当然可以，特别是在他已经经历过一次的情况下。但首先，他得作出如下调整：不要把自己看成是以前自我的影子，必须像我的朋友唐纳德·麦吉尔克里斯特看待自己那样——"我只是我未来自我的影子。"

斯蒂芬只盯着他失去的东西以及他将来不能做的事情。在他获得清晰的新思路之前，他打算不重新拥有他曾经拥有过的东西。

你打算怎么办？

你是打算积累财富却没有时间使用它们，还是想努力过上有意义的生活，并利用你的企业来实现它？如果你关注急迫事，你充其量是在赚钱（不这样的话，你能获得更多的东西）。

如果你关注重要事，你就走在通往真正财富的道路上了。但是，由于我们看不出来这些"重要"的事情会让我们今天赚钱，因此我们总能找到办法推迟到以后再来应付它们。可惜这个"以后"永远也没有出现。决定你的企业什么时候会成熟，设定一个日期，并公开。

这无关乎创业者比别人更聪明或者有比你当时更好的环境，而是关乎意向。

请记住我们对财富的定义：可以自由选择做想做的事情。打造一个你不必成为生产者的赚钱企业，从而你能为自己及你周围的人过上有意义的生活。在3—5年内实现这个目标。

后 记

—向前行动

利用你的企业过上有意义的生活

我认为我们都本能地想成为社会上有意义且有贡献的人。然而，极少数人真正感觉自己在建立成功的规则。在当今世界，脱离这种情况的方法就是，通过别人（纪实的电视节目中"杰出的人"、导师、专家、乐队、体育明星、商业精英及其他英雄人物等）来过自己的生活。

并不是不鼓励大家都一样的，但过于关注"杰出的人"会阻碍我们建立自己有意义的人生。我们觉得如果我们的体育英雄赢了，我们就赢了。或者，如果我的商业导师在关注我，我就有意义。虽然我们崇拜我们的英雄，但往往忽略了他们是怎么成功的。我可以向你保证，除了极少数例外的情况外，成功不是靠天赋，而是靠努力奋斗。

你在弄清核心目标上作出的极大努力有可能是真正产生意义和带来快乐的事情吗？

我们是否太关注结果，认为"到达目的地"会让我们快乐？为什么运动员、音乐巨星，以及在其领域已达到顶峰状态且经济上安全的商界人士还在继续努力？他们为什么不一到实现目标就退休呢？

我认为这是因为他们发现了产生意义和带来快乐的秘密（一个非常老旧的词）。他们明白，快乐不是在目的地找到的，而是在旅途中，因而享受坚持不懈地努力奋斗的过程是快乐的关键所在。

你的明星运动员是如何获得他们现有的水平的呢？是他们坚持不懈地在器械上、在赛道上和日常工作中努力完善自己的技术。他们坚韧地、始终如一、坚持不懈地努力着。他们真的是在享受这样的过程。马友友（世界著名大提琴家）曾经对我的女儿说："成为世界级音乐家的关键是学会热爱练习，每天就好像你坐在卡内基音乐厅的舞台上为你的首个音乐会演奏一样进行练习。"

你是享受过程还是注重结果？衡量结果，但关注过程，并学会享受过程和你的技艺和企业的不断发展。历经艰难实现它，并通过热爱这种坚持不懈的实现过程来取得成功，在此过程中，你会发现最深的意义和最大的快乐。

你心中的英雄不是凭天赋实现目标的。他们是通过学习热爱实现目标的过程而实现目标的。将本书中所讲的东西带到真实世界中去、经受考验、跌倒了再爬起来，更坚强地重新来一次。每经历一次就锻炼了你的一块心理肌肉，只不过有些无情。坚持不懈地努力是能让你到达目的地的唯一事情。我们要得到我们想要的，而不是要得到我们希望的。

环境不会造就我，我对环境作何回应会造就我。

坚韧地应对一切！这会让你实现目标！做打造一个企业和有意义的生活所必须的事情！

让我们共同努力！

快乐不在目的地，而在旅途中。

资源

下列是三个研讨活动和研讨会的例子，美国许多州及世界上许多国家对它们有过热烈的评论。

实际的战略规划研讨活动

现在是时候用《战略规划书》替换那布满灰尘、没有用处的《商业计划书》了，这将：

- 每天从策略上/实践中指导你（为期12个月的滚动式计划），
- 便于你衡量每周、每月、每季是否在赚钱，

• 变得足够清晰明白，以便你能够在两三分钟内表明或分享你的年度战略。

在研讨活动中制定《战略规划书》，在企业日常运营中加以应用，并使之成熟。

在线的《战略规划书》

从写本书时起，我们就一直在开发一个在线的《战略规划书》应用程序。如果你想得知它的完成时间，请登录我们的网站：www.cranksetgroup.com，或者发送电子邮件给我们：grow@cranksetgroup.com。

如果你选择在线的《战略规划书》，那么这会让你大大节约成本。

实际的流程图——优秀企业的关键

积极加入该研讨班，弄清如何：

• 确定并快速实现最大程度和最高效率地利用你的时间——不再猜想——在更短的时间内赚得更多的钱。

• 每次轻松地给每个客户始终如一的高质量客户服务。

• 建立先前没有的主人公意识和团队合作精神——解决"岗位竖井"问题。

• 让你的公司价值呈指数增长（如果你想要卖掉它的话）。

在线的流程图制作

从写本书时起，我们就一直在开发一个在线的流程图应用程序。如果你想得到它完成的时间，请登录我们的网站：www.cranksetgroup.com，或者发送电子邮件给我们：grow@cranksetgroup.com。

如果你选择在线制作流程图，那么这会让你大大节约成本。

创业者实际的人生目标

● 如何定义成功和有意义？你为什么创业？创业要达到什么目的？

● 你理想的生活方式是什么样子？你希望什么时候实现它？你的企业会怎样帮助你实现它？

你会得到企业如何帮你实现目标的清晰思路及新动力。

在线的人生目标制定

2011 年初，我们将开发一个在线版的研讨活动。我们期待你的加入。如果你想成为测试组成员或者想得到它完成的时间，请登录我们的网站：www. cranksetgroup. com，或者发送电子邮件给我们：grow@ cranksetgroup. com。

如果你选择在线的人生目标制定，那么这会让你大大节约成本。

在线顶点特性概况

第九章中所讲的特性评估现在有在线的版本。如果你想要在线的"顶点特性概况"，请发电子邮件给作者（grow@ cranksetgroup. com）并申请一个评估代码，该代码你可在 www. apexprofile. com 上找到。这种代码会将评估的成本减少至 10 美元。你可以登录网站 www. apexprofile. com 了解更多详情。